ansiosos
por
nada

PARA LECTORES JÓVENES

ansiosos *por* nada

PARA LECTORES JÓVENES

Superando *la ansiedad* y *la soledad*

MAX LUCADO

CON ANDREA LUCADO

PORTADA POR OLGA BAUMERT
GRÁFICOS POR MATTTHEW WILSON

GRUPO NELSON
Desde 1798

Denalyn y yo le dedicamos con mucho gusto
este volumen a Rebecca Taylor: un ejemplo de
valentía y gozo en medio de la adversidad.

Contenido

¡Felicitaciones! Haber abierto este libro dice mucho acerca de ti. Estoy muy orgulloso de ti por querer una respuesta a esta pregunta: *¿Cómo puedo lidiar con la ansiedad?* Hay muchas personas que jamás buscan esa contestación. Suponen que la ansiedad viene con la vida. Tienen razón, hasta cierto punto. La ansiedad viene con la vida. Sin embargo, no debería controlar tu vida.

Te felicito por intentar controlar el problema antes de que este te controle a ti. Le pido a Dios que utilice este libro a fin de armarte con herramientas para luchar contra el enemigo de la preocupación.

La preocupación ocurre cuando permitimos que los problemas de mañana arruinen el hoy. No hay nada malo con prepararse para el mañana. Tampoco es malo tener un interés saludable en el mañana. Pero la preocupación sobrepasa la preparación y la previsión correctas. Intenta resolver hoy los problemas de mañana. Esto es lo que llevó a Jesús a decir: «No se preocupen por el día de mañana; porque el día de mañana se cuidará de sí mismo. Bástenle a cada día sus propios problemas» (Mateo 6:34).

¿Sabías que el Nuevo Testamento de la Biblia originalmente fue escrito en griego? La palabra griega para *preocupación*, utilizada en las Escrituras, es un maravilloso compuesto de dos vocablos que significan «dividir» y «la mente». Por lo tanto, preocuparse es dividir la mente. La ansiedad fracciona nuestra energía entre los planes de hoy y los problemas de mañana. Parte de nuestra mente se encuentra en el «ahora»; el resto está en el «todavía no». El resultado es una vida con una mente dividida.

¿Cómo puede una persona lidiar con la ansiedad? Podrías intentar hacer lo que hizo el hombre de una historia que escuché. Se preocupaba tanto que decidió contratar a alguien para que se preocupara por él. Encontró a un hombre que aceptó el contrato para preocuparse por él, por un salario de $200.000 al año. Tras haber aceptado el empleo, la primera pregunta que el contratado le hizo a su jefe fue: «¿De dónde va a obtener $200.000 al año?». El hombre le respondió: «Esa es tu preocupación».

Por desdicha, la preocupación es un empleo para el que no puedes contratar a alguien más. Pero es un hábito que puedes vencer.

Con Dios como tu ayudador, podrás hacerlo. Insisto: ¡estoy muy orgulloso de ti! Al descubrir las herramientas de Dios para lidiar con la ansiedad, podrás incrementar las posibilidades de tener una vida feliz y llena de gozo. Que Dios abra tu mente y tu corazón mientras abres su Palabra para recibir su verdad.

CAPÍTULO UNO

La nube de la ansiedad

¿Alguna vez te has sentido preocupado por algo grande en tu vida? ¿Alguna vez te has sentido preocupado por algo pequeño? ¿O alguna vez te has sentido preocupado sin razón aparente, como cuando sabes que se avecina una tormenta? Temes que algo malo suceda, aunque no haya ocurrido aún. Quizá tengas una sensación incómoda en tu estómago. O tal vez haya algo en lo que no puedes dejar de pensar.

Cuando te sientes así de preocupado, estás sintiendo *ansiedad*.

Cuando te sientes ansioso, puede que no duermas bien. O quizá no te rías tanto o no disfrutes estar afuera como solías hacerlo.

La ansiedad produce una nube sobre nuestra cabeza, haciendo que la vida se sienta un poco más sombría o

1

algo más siniestra. La ansiedad también puede ocasionar que nos hagamos muchas preguntas que comienzan con estas dos palabras: *y si...*

¿Y si no hago amigos en la escuela este año?

¿Y si mi maestro es grosero?

¿Y si mis padres no dejan de pelear?

¿Y si no tengo fiesta de cumpleaños este año?

¿Y si me quitan mi teléfono?

¿Y si no califico para el equipo?

¿Cuántas preguntas «y si...» haces? Todos hacemos este tipo de preguntas. Todos sentimos ansiedad de vez en cuando. Algunos la sentimos todos los días.

¿Es ansiedad o es temor?

La ansiedad es similar al temor, pero estos dos sentimientos son bastante diferentes.

Sientes temor cuando sabes que tu cuerpo está en peligro o que alguien más lo está. El temor te dice: «¡Sal de ahí!». Si estuvieras caminando afuera y vieras una serpiente de cascabel en el suelo, probablemente comenzarías a caminar (o a correr) para alejarte de ella, ¿verdad? Eso se debe a que el temor te diría que estás en peligro y necesitas llegar a un lugar seguro.

> **El temor te dice: «¡Sal de ahí!». La ansiedad hace que te preguntes: ¿Y si...?**

De esa manera, el temor puede ser saludable. Te protege de cosas malas.

La ansiedad hace que te preguntes: *¿Y si...?* Esa pregunta puede hacer que te imagines toda clase de cosas a las que temes que, en realidad, no están ahí. El temor puede decirte que corras cuando ves una serpiente de cascabel. La ansiedad te dice que tengas miedo siempre que estés afuera porque, *¿y si* hay una serpiente?

¿Ves la diferencia?

El temor nos protege de peligros reales. La ansiedad hace que pensemos que hay peligro, cuando en realidad no lo hay.

¿De dónde proviene toda esta ansiedad?

La Biblia dice: «La ansiedad en el corazón del hombre lo deprime» (Proverbios 12:25). Acarrear preocupaciones a través del día puede sentirse como si cargaras una mochila gigante mientras subes una montaña. La ansiedad es una carga tan pesada que puede dañar nuestro cuerpo, así como nuestra mente. Puede quitarnos el sueño. Puede causar que nos duela el cuerpo o el estómago. Puede provocar que nos sintamos tristes y solitarios.

La ansiedad no es divertida.

Es probable que tú, o alguien que conozcas, batalle gravemente con la ansiedad. Los médicos han descubierto que una tercera parte de los adolescentes entre

La generación i: la generación que está creciendo en línea

RING RING

www.

LOL

La generación nacida entre 1995 y 2012

No recuerda un momento en que no existieran los teléfonos inteligentes

Pasan de seis a nueve horas diarias en línea

Like!

Son expertos en tecnología y redes sociales

2004 | 2006 | 2008 | 2010

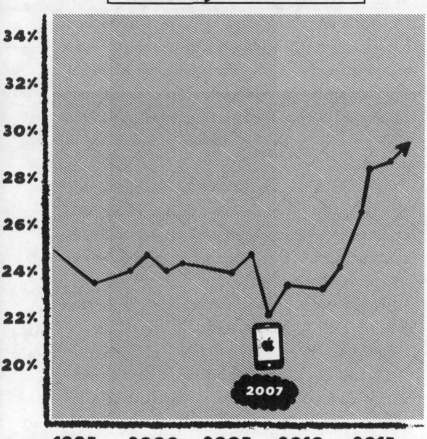

La soledad de la generación i

2007

los trece y los dieciocho años de edad padecen un trastorno de ansiedad. Un trastorno de ansiedad sucede
cuando sientes mucha ansiedad gran parte del tiempo.
Este puede provocar que hacer las cosas cotidianas,
como ir a la escuela o a la fiesta de un amigo, resulte
difícil o aterrador. Los médicos también han descubierto que muchos de esos adolescentes comenzaron a
sentir ansiedad a una edad muy temprana, usualmente
alrededor de los once años, algunos incluso desde los
siete años.

Otras malas noticias: Estados Unidos parece tener
más ansiedad que los demás países. Sus habitantes gastan
más dinero en medicamentos para tratar la ansiedad y
han reportado un mayor número de enfermedades cau-
sadas por ella que otros países.

¿Por qué? ¿Por qué los estadounidenses tienen tanta
ansiedad? Existen algunas razones. Una gran fuente es
la tecnología.

Los teléfonos inteligentes, la internet, las redes sociales, todo ello puede hacernos sentir mucha más ansiedad.
De hecho, en el momento en que las redes sociales se
volvieron populares, los chicos comenzaron a ir más al
médico por problemas relacionados con la ansiedad y la
depresión. (La depresión es una sensación constante de
tristeza y, a menudo, es consecuencia de la ansiedad).

Existen otras razones por las que podemos sentir
ansiedad. En la actualidad, todo se mueve a la velocidad de un turborreactor. Nuestros ancestros no tenían

la tecnología para construir aviones o coches veloces, por lo que no viajaban mucho. Ahora nosotros podemos conducir hacia una nueva ciudad o volar a un nuevo país en cuestión de horas. Las cosas pueden cambiar rápidamente cuando siempre andas de prisa. La premura provoca estrés y ansiedad.

Otra razón por la que la padecemos tanto tiene que ver con la información, cómo la obtenemos y con qué frecuencia la conseguimos. Tus padres ¿miran las noticias en la televisión o las escuchan en un podcast o en la radio del auto? En nuestro mundo de hoy sabemos lo que sucede en todos lados todo el tiempo. Sabemos acerca de una guerra en el Oriente Medio, de un incendio en California, de un tornado en Alabama. Saber todas esas cosas puede hacer que nos preocupemos.

Emma acaba de recibir su primer teléfono inteligente por su cumpleaños. Esta mañana, sus padres le dijeron que tenía permitido bajar una aplicación de redes sociales. Ella se creó un apodo: @BballEmma11 y comenzó a seguir a cuatro de sus amigas. Emma revisó su teléfono al subirse al coche para ir a la escuela. ¡Tres de sus amigas también la habían seguido! Pero una no. Emma comenzó a preguntarse por qué su amiga todavía no la estaba siguiendo.

¿Cómo te sentirías si tú siguieras a un amigo en redes sociales, pero este no te siguiera a ti? ¿Por qué la amiga de Emma no la habría seguido de inmediato?

La promesa de Dios

Como cristianos, en ocasiones, podemos sentirnos culpables por preocuparnos. Sabemos que se supone que debemos confiar en Dios, pero aun así nos sentimos ansiosos. Entonces sentimos culpa por estar ansiosos. ¡Y eso puede traernos más ansiedad! ¿Ya te mareaste?

La Biblia, en realidad, dice muchas cosas acerca de la ansiedad y la preocupación que pueden ayudarnos. Quizá hayas escuchado acerca de un hombre, en la Biblia, llamado Pablo. Hace mucho tiempo, justo después del tiempo en que vivió Jesús, Pablo les escribió muchas cartas a las iglesias para ayudarlos y animarlos como nuevos cristianos. Esas cartas fueron recopiladas y ahora están en el Nuevo Testamento de la Biblia. Una de ellas se llama Filipenses. Pablo se la escribió a la iglesia de una ciudad llamada Filipos.

En esa carta, Pablo quería que sus amigos supieran que no tenían que preocuparse por su vida porque Dios se estaba ocupando de ellos. Él les escribió: «Por nada estén afanosos» (Filipenses 4:6).

¿Crees que eso sea posible? ¿No sentirse ansioso por *nada*?

Pablo sabía qué era sen-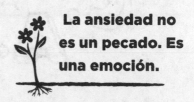tir ansiedad. Él tuvo una vida bastante alocada, tratando de hablar de Jesús con la gente que le rodeaba y en otros países. Pablo no estaba diciendo que no debemos sentirnos ansiosos jamás. Lo que estaba diciendo es que no debemos sentirnos ansiosos *todo* el tiempo. Porque cuando nos sentimos ansiosos todo el tiempo, esa sensación puede dominar nuestra vida. Y cuando eso sucede, es difícil sentir gozo.

La ansiedad no es un pecado. Es una emoción.

En ocasiones no podemos evitar sentirnos ansiosos. Y dejemos esto en claro: la ansiedad no es un pecado. Es una emoción. Y las emociones no tienen nada de malo. A veces no podemos controlar cómo nos sentimos, pero sí podemos controlar cómo respondemos a nuestros sentimientos. De manera que no hay de qué sentirse culpables con la ansiedad. Pablo simplemente les estaba diciendo a los cristianos: «No dejen que la ansiedad domine sus vidas».

Leamos el resto de lo que Pablo escribió en Filipenses 4:4-9:

Regocíjense en el Señor siempre. Otra vez lo diré: ¡Regocíjense! La bondad de ustedes sea conocida de todos los hombres. El Señor está cerca. Por nada estén afanosos; antes bien, en todo, mediante oración

C.A.L.M.A.

1. Celebra a Dios.

2. Apela a Dios por ayuda.

3. Levanta la mirada a lo positivo.

4. Medita acerca de lo bueno.

y súplica con acción de gracias, sean dadas a conocer sus peticiones delante de Dios. Y la paz de Dios, que sobrepasa todo entendimiento, guardará sus corazones y sus mentes en Cristo Jesús.

Por lo demás, hermanos, todo lo que es verdadero, todo lo digno, todo lo justo, todo lo puro, todo lo amable, todo lo honorable, si hay alguna virtud o algo que merece elogio, en esto mediten. Lo que también han aprendido y recibido y oído y visto en mí, esto practiquen, y el Dios de paz estará con ustedes.

Podrás haberte dado cuenta de que Pablo nos dio cuatro instrucciones en este pasaje, junto con una maravillosa promesa. Esa promesa dice: «Y la paz de Dios, que sobrepasa todo entendimiento, guardará sus corazones y sus mentes en Cristo Jesús» (v. 7).

Examinemos las cuatro instrucciones que rodean esta promesa:

1. **Celebra a Dios.** «Regocíjense en el Señor siempre» (v. 4).

    ¿Alguna vez te has sentido lleno de gozo? ¿Qué hiciste con ese gozo? Quizá escuchaste tu canción favorita y te pusiste a bailar. O tal vez tu mejor amiga y tú consiguieron unos boletos para ver a su banda favorita y estaban tan emocionadas que se felicitaron. Cuando estamos tan llenos de gozo, celebramos.

Lo mismo sucede con Dios. Cuando recordamos lo que Él es y lo que ha hecho, podemos sentirnos llenos de gozo a tal punto que deseemos celebrar con Él a través de la adoración.

2. **Apela a Dios por ayuda.** «Mediante oración y súplica [...] sean dadas a conocer sus peticiones delante de Dios» (v. 6).

Cuando oramos y le pedimos ayuda a Dios, permitirnos que se lleve nuestras preocupaciones. No tenemos que cargarlas nosotros.

3. **Levanta la mirada a lo positivo.** «Con acción de gracias» (v. 6).

Recordar la gratitud a Dios por las cosas buenas de nuestra vida nos ayuda a ver nuestras situaciones con una mayor positividad.

4. **Medita acerca de lo bueno.** «Todo lo que es verdadero, todo lo digno, todo lo justo, todo lo puro, todo lo amable, todo lo honorable, si hay alguna virtud o algo que merece elogio, en esto mediten» (v. 8).

Meditar significa pensar acerca de algo con toda atención. Cuando meditamos en lo bueno, nuestro cerebro y nuestro corazón se sienten más en paz.

Calma.

Calma es lo que necesitamos cuando nos sentimos ansiosos, ¿cierto? Dios puede darnos calma.

Dios no quiere que te sientas ansioso todo el tiempo. Él te hizo para más que eso. Quiere que tengas una vida llena de gozo y puede dártela. Eso no significa que no tendrás ansiedad, tristeza o desasosiego algunas veces. Solo quiere decir que, con la ayuda de Dios, no tienes que dejar que esos sentimientos dominen tu vida.

Dios puede darnos calma.

Cuida la puerta

Cuando yo era pequeño, recuerdo que mi padre comía pan de maíz con suero de leche. (Eso puede sonar extraño, pero era una especialidad del oeste de Texas). Todas las noches a las diez, él entraba en la cocina y sumergía un pedazo de pan de maíz en un vaso de suero de leche.

Luego se dirigía a la puerta principal y a la trasera, asegurándose de que estuvieran cerradas. Una vez que todo estaba asegurado, entraba en la habitación que yo compartía con mi hermano mayor, y nos decía: «Niños, todo está asegurado. Ya pueden irse a dormir».

Ahora, sé que probablemente a Dios no le guste el suero de leche ni el pan de maíz como a mi papá. Pero sé que Dios ama a sus hijos. Él te cuida. Él no necesita revisar que las puertas estén cerradas porque está vigilando la puerta. Él te protege de la preocupación y del temor.

Escucha con atención. Escúchalo decirte: «Todo está asegurado. Ahora puedes descansar». Con la ayuda de Dios, no puedes estar ansioso por nada. Y puedes tener la «paz de Dios, que sobrepasa todo entendimiento».

Analiza tu cerebro y tu corazón

Al final de cada capítulo de este libro, hay actividades y preguntas que te ayudarán a examinar tus pensamientos (tu cerebro) y tus emociones (tu corazón). Al completar estas actividades, comprenderás qué es la ansiedad, cómo te afecta y cómo puedes superarla con la ayuda de Dios. ¡Agarra un diario o un cuaderno y comienza a trabajar en tu preocupación!

Todos sentimos ansiedad en diferentes maneras. Subraya o sombrea todas las afirmaciones que describan cómo te has sentido en la última semana.

Antes de que realice un examen o de otro acontecimiento importante, me duele el estómago.

Me costó dormir porque no podía dejar de pensar en un temor o un problema.

Me siento distraído en clase, por lo que mis calificaciones de la escuela han bajado.

Cuando llego a casa de la escuela, me siento enfadado con mis padres o mis hermanos, y no sé por qué.

Me siento preocupado por cosas que antes no me inquietaban.

Se me va el aliento aunque no me haya estado ejercitando.

Si marcaste cualquiera de las afirmaciones anteriores, es probable que tengas ansiedad. O quizá solamente te estés sintiendo un poco ansioso hoy. Posiblemente hayas sentido mucha ansiedad varios días seguidos. No te preocupes. La ansiedad es completamente normal.

Hay dos cosas que puedes hacer ahora mismo con tu ansiedad:

Habla de tu ansiedad con un adulto en quien confíes. Podría ser uno de tus padres, un maestro, tu consejero, pastor u otro adulto con quien tengas una buena relación. Permite que un adulto sepa cómo te sientes.

Pídele ayuda a Dios. Si no estás seguro de qué decirle, utiliza esta oración:

Querido Señor:

Yo sé que tú puedes calmar mi corazón y mi mente cuando me siento ansioso. Hoy siento ansiedad y no sé con certeza qué hacer. Toma mis preocupaciones y mis temores, de manera que yo ya no tenga que sujetarlas. En la Biblia eres llamado Príncipe de paz. Por favor, tráeme paz.

Mientras paso las páginas de este libro, enséñame lo que necesito saber acerca de la ansiedad, de tu fuerza y de tu poder. Ayúdame con mi ansiedad. Dame valentía. Ayúdame a tener menos temor y más fe.

En el nombre de Jesús oro, amén.

SECCIÓN 1

Celebra la bondad de Dios

Regocíjense en el Señor siempre.

—Filipenses 4:4

CAPÍTULO DOS

La tienda de fe

Crecí en una familia a la que le encantaba acampar. La idea que mi papá tenía de una buena vacación tenía que ver con montañas, arroyos, tiendas de campaña y sacos de dormir. Que otros visiten las grandes ciudades o vayan a los parques temáticos. La familia Lucado pasaba de largo Disney World y se dirigía a las Montañas Rocosas de Colorado.

A mi papá le encantaba el equipo para acampar tanto como esos viajes. Un día, cuando yo tenía unos nueve años, él regresó de un negocio de artículos para el exterior con una tienda de campaña que se volvió legendaria en nuestra familia.

La tienda era enorme. Podía albergar a una docena de personas. Podíamos colocar la tienda alrededor de una mesa de día de campo y aún tener espacio para nuestros sacos de dormir.

Por supuesto, una gran tienda necesita postes grandes que la sostengan. Esta tenía dos. Pero no creas que eran de aquellos delgados que vienen con la mayoría de las carpas. Esos postes estaban hechos de hierro forjado y eran tan gruesos como el brazo de un hombre adulto. Nuestra tienda no era lujosa. No tenía puertas con cremallera ni mosquitero ni un diseño de camuflaje. Pero era una tienda muy maciza. Ni el viento, la lluvia ni el granizo podían entrar.

Recuerdo haber ido a acampar con mi familia paterna un verano a Estes Park, Colorado. Mi papá tenía ocho hermanos. Era un grupo grande. Un día, el cielo se tornó oscuro y borrascoso repentinamente. La lluvia comenzó a golpearnos afuera. El viento era tan fuerte que los grandes pinos se doblaban ante él. Todos corrieron a sus tiendas pero, después de algunos minutos, mis tías, tíos y primos comenzaron a amontonarse en nuestra tienda porque era la más grande y la más fuerte. Y con sus grandes postes, ellos sabían que no se iría a ningún lugar. Ahí adentro estábamos a salvo, abrigados y secos.

Cuando pasamos por las tormentas, necesitamos un lugar seguro donde refugiarnos.

Todo el tiempo pasamos por tormentas en nuestra vida. Pero en estas «tormentas» no hay lluvia ni viento. Estas tormentas son emocionales. Son los tiempos difíciles de nuestra vida en que nos peleamos con amigos y familiares, en que no somos aceptados en el equipo de fútbol, en que nuestros padres nos dicen que nos mudaremos a otra ciudad... otra vez. Esas tormentas nos hacen sentir ansiosos. Necesitamos un lugar seguro donde refugiarnos, tal como la tienda firme de mi familia.

Gozo a pesar de lo que suceda

Pablo experimentó muchas tormentas en su vida. La peor probablemente fue cuando se encontraba en prisión en la antigua ciudad de Roma. Fue arrestado por predicar acerca del poder de Jesús. El mensaje de Pablo de que Jesús era tanto Dios como Rey amenazaba al gobierno a cargo durante sus días: el Imperio romano.

Pablo tenía unos sesenta años cuando estuvo en prisión. Había tenido una vida difícil, viajando y hablándole a la gente acerca de Jesús. A menudo se metía en problemas por eso. Los miembros del ejército romano lo golpearon. Algunos de sus amigos lo dejaron, no queriendo hacer el trabajo duro de compartir las buenas nuevas de Jesús.

Aunque estuviera en prisión, él continuaba trabajando para Dios. En la cárcel escribió una carta para los filipenses. ¿Puedes imaginarte escribir: «Regocíjense en el Señor siempre», cuando estás encadenado y no sabes si alguna vez serás libre? Tal como lo escribió, Pablo sabía que podría morir en prisión o ser asesinado por los romanos.

Aun así, escribió: «Regocíjense en el Señor siempre. Otra vez lo diré: ¡Regocíjense!» (Filipenses 4:4). Esta es la primera instrucción de Pablo que nos ayudará con nuestras ansiedades: regocíjate en el Señor. Y Pablo no quería que nos regocijáramos en el Señor solamente una vez o unas cuantas veces. ¿Qué dijo? «Regocíjense en el Señor *siempre*» (énfasis añadido). Y luego, como si no lo hubiéramos escuchado la primera vez, escribió: «Otra vez lo diré: ¡Regocíjense!».

Recuerda que cuando nos regocijamos en el Señor, no podemos evitar celebrarlo. Pero ¿cómo es posible celebrar a Dios *todo el tiempo*? Algunas veces nos sentimos tristes o no tenemos ganas de celebrar. Otras veces nos sentimos ansiosos y no nos sentimos gozosos.

Hablemos acerca de lo que significa, en realidad, celebrar a Dios. No significa que nos levantemos a bailar cada vez que pensemos en Él (¡aunque definitivamente puedes hacerlo si se te antoja!). Significa que recordamos cuán bueno es Dios, sin importar lo que esté sucediendo en nuestra vida.

En la tormenta

En la Biblia hay una historia que puede ayudarnos a comprender cómo celebrar a Dios en medio de nuestras tormentas. Se trata de una ocasión en que los discípulos de Jesús se encontraban en una barca en un mar llamado Galilea. Estando en la nave, los golpeó una feroz tormenta. Leamos el comienzo de la historia en Juan 6:16-18:

Al atardecer Sus discípulos bajaron hasta el mar, y subiendo en una barca, se dirigieron al otro lado del mar, hacia Capernaúm. Ya había oscurecido, y Jesús todavía no había venido a donde ellos estaban; y el mar estaba agitado porque soplaba un fuerte viento.

Los corazones de esos discípulos comenzaron a hundirse, tal como lo haría su barca, si la tormenta no se detenía. Estaban empapados. Sus voces estaban roncas de tanto gritarse entre sí en medio del ruido de la tormenta. Sus ojos lucían temerosos. Así que observaron el cielo, esperando ver claridad entre las nubes, una señal de que pronto terminaría la tormenta. Se asían de un lado de la barca cada vez que golpeaba una gran ola. Clamaban por ayuda y oraban. Pero no sucedía nada.

Seguramente desearon que Jesús estuviera con ellos. Pero no estaba ahí. Jesús les había dicho que cruzaran el mar y que se encontraría más tarde con ellos. De acuerdo con Marcos 6:48, otro lugar donde también se cuenta esta historia en la Biblia, hasta ese momento, los discípulos probablemente habían estado remando desde el anochecer hasta las tres de la mañana. Ese no era un paseo de ocio en un río apacible de un parque acuático.

¿Qué crees que se dijeron los discípulos durante esa tormenta?

«¡No voy a durar mucho tiempo más!».

«¡No sobreviviremos a esto!».

¿Alguna vez te has sentido así, como que la vida es demasiado dura, aterradora o confusa?

Quizá hayas tenido algunas semanas difíciles en la escuela y las cosas no se estén poniendo fáciles. Posiblemente no entraste en el equipo. Además, no obtuviste un papel en la obra de teatro escolar. Tal parece que nada te está saliendo bien. O quizá te estén intimidando en las redes sociales y no sabes qué hacer. Has intentado ser amable, pero parece que eso no está cambiando la mentalidad del bravucón.

Los discípulos definitivamente supieron qué se siente estar en una posición difícil. Pero leamos el resto de la historia, porque, en realidad, ¡tiene un final feliz!

Juan 6:19 dice: «Vieron a Jesús caminando sobre el mar y que se acercaba a la barca, y se asustaron».

Si tú fueras uno de los discípulos, probablemente también te habrías asustado. ¿De dónde venía Jesús? ¿Cómo, exactamente, es que estaba caminando sobre el agua? ¿Estaban sus pies flotando por la superficie? ¿Estaba montando las olas? ¿Se partió el agua y abrió un camino para Él? ¿Estaba caminando sobre el aire? La Biblia no lo dice, pero tú puedes usar tu imaginación.

Y puedes imaginarte que, para los discípulos, eso fue bastante asombroso.

Ahora tenemos una parte interesante de la historia: Jesús se acercó a sus discípulos *mientras* la tormenta estaba en ciernes. Jesús no espera hasta que terminen los tiempos difíciles que atravesamos. Él está contigo ahora mismo, en medio del desastre.

Cuando Jesús vio que los discípulos tenían miedo de Él, les gritó: «Soy yo; no teman» (Juan 6:20). Jesús les aseguró a los discípulos que no tenían nada que temer, porque Él estaba con ellos.

Después de que los discípulos escucharon decir a Jesús: «Soy yo; no teman», la Escritura dice: «Así que se dispusieron a recibirlo a bordo, y en seguida la barca llegó a la orilla a donde se dirigían» (v. 21, NVI). ¡Justo cuando apareció Jesús, los discípulos se encontraban a salvo del otro lado del mar!

Así de poderoso es que Jesús esté contigo en la tormenta. Su presencia puede tranquilizar y calmar. De forma que, aunque continúen llegando las tormentas, podemos sentirnos en paz al recordar que Jesús está con nosotros.

¿Con qué temor puede ayudarte Jesús? Puedes confiar en que Él se va a ocupar de ello. Tal como les dijo a las olas que se calmaran y al viento que dejara de empujar la barca, Él traerá paz a tu tormenta.

Así que, no importa lo que esté sucediendo alrededor de ti —un huracán, una enfermedad o un problema con un amigo—, recuerda celebrar que Dios está ahí, contigo. Y te ayudará a salir adelante.

Los postes de la tienda

Pablo nunca dejó de celebrar a Dios. Recordaba lo que Dios había hecho por él, aunque estuviera en prisión. Su fe era como la tienda que compró mi papá. Los postes de hierro forjado de la fe que Pablo tenía en Dios mantenían su alma estable. Sus amigos podían abandonarlo. Los ciudadanos podían echarlo a patadas de la ciudad. Los soldados podían llamar a su puerta. Pero la tienda de fe de Pablo nunca colapsaría. Él la había estabilizado con un sistema de creencias firme. ¿Es así de firme tu fe?

Lo que tú creas acerca de Dios puede decirte cuán fuerte y firme es tu fe. Tu sistema de creencias responde a las preguntas básicas de la vida: ¿Tiene alguien el control del universo? ¿Tiene la vida un propósito? ¿Importo? ¿Qué sucede después de la muerte?

Lo que tú creas acerca de Dios puede decirte cuán fuerte y firme es tu fe.

Tu sistema de creencias no tiene nada que ver con tu color de piel, tu apariencia, tus talentos o tu edad. Tu sistema de creencias no está hecho de las cosas externas que la gente puede ver, sino de las cosas internas que se encuentran en tu corazón. Esas cosas, esos postes de creencias, son el sostén de tu fe. Si tus postes son fuertes, podrás permanecer. Si son débiles, la tormenta te derribará.

Mira de cerca los postes de la tienda de fe de Pablo. Una creencia que resalta mucho en los escritos de Pablo es la siguiente: Dios es soberano. La *soberanía* describe el perfecto control de Dios y su manejo del universo. Él lo controla y está involucrado en toda su creación. Él dirige el mundo hacia el cumplimiento de su gran propósito.

En lo que concierne a la ansiedad, es imprescindible comprender la soberanía de Dios. A menudo nos ponemos ansiosos cuando sentimos que no tenemos el control de nuestras situaciones. Es como si estuvieras en el mar pero no supieras nadar. Las olas azotan alrededor tuyo.

Tendemos a preocuparnos por cosas que no podemos controlar. En cierta medida, tú puedes controlar tus calificaciones, dependiendo de cuán duro trabajes. Pero aun así, es posible que se te haya complicado alguna materia. O quizá intentes controlar tu cuerpo con la cantidad de alimentos que comes o con el ejercicio. Pero cada cuerpo es único, de forma que no podrás lucir exactamente como la *influencer* de las redes sociales ni como cierto actor. (¡Y está bien!). Cosas como la política, el medio ambiente y la justicia racial parecen importantes, pero nosotros no tenemos mucho poder sobre ellas. Cuando deseamos tener el control de algo

Los chicos se preocupan por:

Los problemas mundiales

Los amigos

La apariencia

Cometer errores frente a sus amigos

El medio ambiente

La popularidad

Las calificaciones

La salud de sus seres amados

El futuro

Que se rían de ellos

de nuestra vida pero no lo tenemos, comenzamos a sentirnos ansiosos.

Su mano firme

Entonces, ¿qué hacemos? ¿Deberíamos tener control de todo en nuestra vida? Quizá ya lo hayas intentado antes. ¿Qué tal funcionó? Cuando intentamos controlar todo aquello por lo que nos sentimos ansiosos, ¡eso puede hacernos sentir todavía más ansiosos!

Por ejemplo, si tienes miedo a los aviones, es probable que intentes controlar esa ansiedad no subiéndote a uno de ellos. O si temes estar involucrado en un accidente automovilístico, podrías intentar controlar esa ansiedad evitando subirte a un coche. O posiblemente temas no poder hacer amigos en la escuela, por lo que nunca vas a la escuela. Intentar controlar nuestra ansiedad y aquello por lo que estamos ansiosos puede hacer que nuestra vida sea triste y aburrida.

La Biblia nos dice qué podemos hacer con las cosas que no podemos controlar. En lugar de intentar controlarlas, deberíamos soltarlas. ¿Recuerdas la promesa de Pablo? «Y la paz de Dios, que sobrepasa todo entendimiento, guardará sus corazones y sus mentes en Cristo Jesús» (Filipenses 4:7).

La paz no viene una vez que logras controlar todo en tu vida. (¡Porque eso no sucederá!). La paz viene cuando levantas tu tienda de fe con los postes de Dios. Cree que Dios es soberano. Confíale tus preocupaciones y tus ansiedades. Puedes sentir paz aunque no tengas el control de todo porque Dios sí tiene el control. ¡Qué alivio!

Pablo confiaba en la soberanía de Dios. Por eso escribió: «Hermanos, quiero que sepan que, en realidad, lo que me ha pasado ha contribuido al avance del evangelio. Es más, se ha hecho evidente a toda la guardia del palacio y a todos los demás que estoy encadenado por causa de Cristo» (Filipenses 1:12-13, NVI). Aun dentro de una celda, Pablo pudo ver que Dios tenía un propósito para su vida.

A Oliver le gusta mirar los videos destacados de fútbol y los de animales en YouTube. Pero ayer miró un video de noticias en la página de inicio. El video mostraba una protesta en una gran ciudad cerca de donde él vive. La grabación mostraba a personas gritándose entre sí, pero Oliver no sabía con certeza por qué estaban molestos. Esa noche cuando se fue a dormir, continuó pensando en las personas del video. Le costó trabajo quedarse dormido.

¿Alguna vez te has sentido ansioso por algo que viste en línea que no comprendiste? Si fueras Oliver, ¿qué harías para sentirte menos ansioso acerca del video?

Lo que Pablo escribió en la Biblia muestra que estaba convencido de la mano firme de un Dios bueno. Él estaba protegido por la fuerza de Dios. Estaba cui-

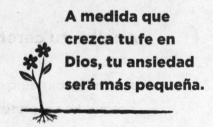

A medida que crezca tu fe en Dios, tu ansiedad será más pequeña.

dado por el amor de Dios. Vivía bajo la sombra de las alas de Dios.

¿Y tú?

La próxima vez que temas al futuro, recuérdate regocijarte en la soberanía de Dios. Recuerda lo que ya hizo por ti. Celebra que Él es capaz de hacer lo que tú no puedes hacer. Llena tu mente de pensamientos de Dios, como los siguientes de la Escritura:

«[Él es el] Creador, quien es bendito por los siglos» (Romanos 1:25).

«[Él] es el mismo ayer y hoy y por los siglos» (Hebreos 13:8).

«[Sus] años no tendrán fin» (Salmos 102:27).

Dios es tu creador. Él no cambia. Él permanece igual. Y siempre tendrá el control. Estas convicciones son los postes más fuertes que puedes encontrar. Y, a medida que crezca tu fe en Dios, tu ansiedad será más pequeña.

Analiza tu cerebro y tu corazón

1. ¿Por qué «tormenta» o dificultad estás pasando en el presente? ¿O qué tormenta has soportado en el pasado?
2. ¿Cómo te hizo sentir esa tormenta?
3. La siguiente imagen es tu tienda de fe. Los postes son tus creencias. Escribe en los postes lo que crees acerca de Dios. Colorea la tienda con tus colores favoritos y haz un diseño en ella. ¿Cómo luce tu tienda de fe?

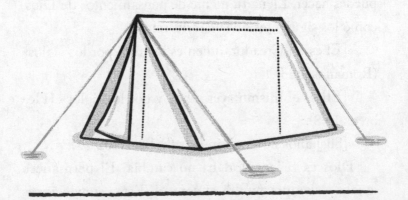

CAPÍTULO TRES

Celebra la
misericordia de Dios

¿Alguna vez te has sentido culpable por algo que hiciste? Tal vez golpeaste a tu hermano menor o les mentiste a tus padres, o miraste algo en la televisión que se supone que no debías ver. Todos nos equivocamos a veces y, cuando lo hacemos, con frecuencia nos sentimos culpables.

La culpabilidad es un sentimiento en tu interior que dice: «Hice algo malo». Se siente mal, pero la culpa puede ser algo bueno. Evita que nos lastimemos a nosotros mismos o a los demás.

Sin embargo, hay un sentimiento más oscuro y profundo que la culpabilidad. Este dice: «Yo *soy* malo». Ese sentimiento se llama vergüenza, la cual no es saludable. La culpabilidad es un sentimiento que se marcha una vez que hemos confesado lo malo que hicimos o una vez que nos sentimos perdonados por haberlo hecho. La vergüenza es un sentimiento que permanece con nosotros durante largo tiempo.

La vergüenza nos hace sentir mal con nosotros mismos. Nos hace pensar que no merecemos cosas buenas. Y eso puede hacernos sentir que no somos suficientes: no lo suficientemente geniales, no lo suficientemente inteligentes, no lo suficientemente atractivos, no lo suficientemente atléticos.

Muchas de las chicas a quienes sigue Emma en las redes sociales usan maquillaje y ropa linda. Ellas se toman autofotos que las hacen lucir como estrellas de cine. A Emma nunca le han interesado las cosas femeninas. A ella le gusta vestir ropa cómoda para poder jugar básquetbol. Y todavía no le permiten usar maquillaje. Pero cuando Emma mira las fotos de su contenido de internet, siente que quizá no sea suficientemente linda ni suficientemente femenina. Así que ha comenzado a pensar en comprar ropa más bonita y usar maquillaje en sus autofotos.

¿Qué debería hacer Emma para sentirse mejor con su aspecto?

La sensación de insuficiencia puede hacernos sentir ansiosos. Podemos comenzar a preguntarnos qué podemos *hacer* para ser suficientes. ¿Deberíamos esforzarnos más? ¿Deberíamos vestir ropa diferente? ¿Deberíamos quedarnos más tiempo en la práctica de básquetbol?

Estas son preguntas ansiosas que surgen de la vergüenza.

¿Alguna vez has sentido vergüenza? ¿Qué te hace sentir de esa manera? ¿Fue por algo que hiciste? ¿O fue algo que alguien más te dijo? ¿Sentir vergüenza también te hizo sentir ansioso?

No eres el único en sentir vergüenza. Todos nos hemos sentido así.

El comienzo de la vergüenza

La gente ha experimentado vergüenza desde el principio. Adán y Eva fueron las primeras personas que Dios creó. Adán y Eva vivieron en un huerto llamado Edén. Ese huerto tenía todo lo que Adán y Eva necesitaban: comida, animales, hermosas flores y plantas.

Dios les dijo a Adán y a Eva que podían comer del fruto de cualquier árbol del huerto, excepto uno: el árbol de la ciencia del bien y del mal. Ellos no comieron de ese árbol, pero un día... Eva se encontró con una serpiente en el huerto. La serpiente le dijo que debía probar el fruto de ese árbol. La serpiente dijo que sabía delicioso y que le daría el conocimiento de las cosas que solamente Dios sabía. Eva le creyó a la serpiente y comió el fruto. Luego, le dio un poco a Adán.

Pero tan pronto como comieron, algo dentro de ellos cambió. Sintieron vergüenza por primera vez. Así que, cuando escucharon los pasos de Dios en el huerto, intentaron esconderse.

La vergüenza hace que deseemos escondernos, tal como sucedió con Adán y Eva. Es un sentimiento muy malo, solamente queremos escapar. Por eso intentamos huir de él. Es probable que, cuando sientes vergüenza, quieras esconderte debajo de tu cama o detrás de un árbol en el jardín trasero.

Hacemos otras cosas para intentar escondernos de nuestra vergüenza. Tratamos de distraernos jugando muchos videojuegos o mirando las redes sociales durante horas. O hacemos como si no estuviéramos sintiendo vergüenza, de forma que empujamos el sentimiento a lo profundo, esperando no sentirlo más.

O podemos castigarnos por sentir vergüenza. Podemos hacerlo diciéndonos cosas malas en nuestra cabeza como: *Soy un tonto. Soy feo. No soy inteligente. No soy gracioso.* A veces la vergüenza incluso puede hacer que deseemos lastimarnos físicamente. Tal vez tú o alguien que conozcas se ha cortado su propia piel. Eso se llama autolesión. Existen muchas razones por las que la gente se autolesiona, pero la vergüenza es una de ellas.

Cuando la fe se derrumba

La vergüenza es una emoción poderosa. Si no tenemos cuidado, puede dominar nuestra vida. Pero Dios no quiere que sintamos vergüenza. Una historia de la Biblia muestra particularmente bien que Dios desea liberarnos de ella.

Pedro fue uno de los discípulos de Jesús. Pedro y Jesús eran unidos. Ellos vivieron juntos, viajaron juntos, oraron juntos y comieron juntos durante tres años.

Pero Pedro no era perfecto. Estaba lejos de serlo.

Antes de que Jesús muriera, Él sabía que se acercaba la cruz. También sabía que muchos de sus discípulos huirían cuando sucediera el terrible acontecimiento. Jesús les dijo a sus discípulos que todos tropezarían en su fe. Pero Pedro no le creyó.

Pedro le dijo: «Aunque todos se aparten, yo, sin embargo, no lo haré».

Jesús le contestó: «En verdad te digo que hoy, esta misma noche, antes que el gallo cante dos veces, me negarás tres veces».

Pero Pedro con insistencia repetía: «Aunque tenga que morir junto a Ti, no te negaré». Y todos decían también lo mismo.

—Marcos 14:29-31

Pero Jesús tenía razón. La fe de Pedro se derrumbó la noche antes de que Jesús muriera. Cuando los soldados llegaron a arrestar a Jesús, los demás discípulos corrieron. Pedro lo siguió detrás de las sombras. Él quería saber qué le sucedería a Jesús, pero se aseguró de que los soldados no lo vieran. Los soldados llevaron a Jesús a juicio. Pedro permaneció en el patio y se sentó alrededor de una fogata con las demás personas.

> Estando Pedro abajo en el patio, llegó una de las sirvientas del sumo sacerdote, y al ver a Pedro calentándose, lo miró y dijo: «Tú también estabas con Jesús el Nazareno». Pero él lo negó, diciendo: «Ni sé, ni entiendo de qué hablas». Entonces Pedro salió al portal, y un gallo cantó. Cuando la sirvienta lo vio, de nuevo comenzó a decir a los que estaban allí: «Este es uno de ellos». Pero Pedro lo negó otra vez. Poco después los que estaban allí volvieron a decirle: «Seguro que tú eres uno de ellos, pues también eres galileo». Pero él comenzó a maldecir y a jurar: «¡Yo no conozco a este hombre de quien hablan!». Al instante un gallo cantó por segunda vez. Entonces Pedro recordó lo que Jesús le había dicho: «Antes que el gallo cante dos veces, me negarás tres veces». Y se echó a llorar.
>
> —Marcos 14:66-72

Todo sucedió como Jesús lo dijo.

Cuando Pedro se dio cuenta de lo que había hecho, perdió el control de sí mismo «y se echó a llorar» (v. 72).

¿Qué crees que estaba sintiendo Pedro en ese momento? ¿Te han descubierto chismeando de un amigo o diciendo algo malo acerca de alguien a quien amas? ¿Cómo te hizo sentir que te descubrieran? Probablemente sentiste vergüenza como Pedro cuando cantó el gallo.

Pero este no es el final de la historia de Pedro.

Segundas oportunidades

Tres días más tarde, Jesús se levantó de los muertos. Luego encontró a sus discípulos en una barca, pescando en el mar de Galilea. Los discípulos vieron que alguien estaba parado en la orilla, pero no lo reconocieron al principio.

Sin embargo, Pedro se dio cuenta de que era Jesús: «Entonces aquel discípulo a quien Jesús amaba, dijo a Pedro: "¡Es el Señor!"». Oyendo Simón Pedro que era el Señor, se puso la ropa [...] y se echó al mar» (Juan 21:7).

Pedro se echó al mar, nadó hacia la orilla y salió a la playa. Días antes, Pedro había fingido no conocer a Jesús. ¡Ahora estaba tan emocionado de ver a Jesús que no pudo esperar a que su barca llegara a la orilla!

Lo esperable era que Jesús se desentendiera de Pedro. No nos sorprendería que le recordara a Pedro la traición y la promesa rota. Jesús pudo haber recurrido a todos los «te lo dije» del cielo. Pedro definitivamente se lo merecía.

Pero no lo hizo. Jesús simplemente dijo esto: «Vengan y desayunen» (Juan 21:12).

¿Quién se habría imaginado esta invitación? Días antes, Jesús había muerto para pagar por los pecados de toda la humanidad. Él venció al enemigo y consideró la tumba como un hotel. Los ángeles del cielo estaban listos para celebrar con confeti en las manos y alineados para dar un recibimiento victorioso en las puertas de perlas. Pero la fiesta tendría que esperar.

Jesús deseaba desayunar con sus amigos. Él vio las capas de culpabilidad del corazón de Pedro. Y, tal como un hisopo de gracia, comenzó a limpiar la vergüenza.

Después del desayuno, Jesús le dijo a Simón Pedro: «Simón, hijo de Juan, ¿me amas más que estos?» (v. 15).

Me imagino que Jesús ondeó la mano hacia los demás discípulos cuando hizo la pregunta. Pedro ya había anunciado su devoción: «Aunque todos se aparten, yo, sin embargo, no lo haré», había alardeado en Marcos 14:29. Pero se apartó. Pedro negó al Señor tres veces. El Señor, en respuesta, le hizo tres preguntas:

«¿Me amas más que estos?» (Juan 21:15).

«¿Me amas?» (v. 16).

«¿Me quieres?» (v. 17).

Pedro aprovechó la oportunidad de arrepentirse de cada negación con una confesión.

«Te quiero» (v. 15).

«Te quiero» (v. 16).

«Te quiero» (v. 17).

En cada ocasión, Jesús le dio una instrucción a Pedro:

«Apacienta mis corderos» (v. 15).

«Pastorea mis ovejas» (v. 16).

«Apacienta mis ovejas» (v. 17).

Jesús tenía trabajo para Pedro, personas a quien este debía pastorear. El apóstol estaba desanimado, pero no estaba descalificado para hacer la obra de Dios.

Jesús le dio una segunda oportunidad a Pedro y te dará una segunda oportunidad a ti. No importa cuánta vergüenza tengas o cuán culpable te sientas, acude a Jesús. Él te dará otra oportunidad.

Desatórate

Dios nos da segundas oportunidades porque le encanta mostrar misericordia a sus hijos. *Misericordia* es otra palabra para perdón o compasión. El perdón de Dios es un regalo para nosotros. Él nos perdonó a todos cuando envió a su Hijo Jesús a morir en la cruz, y nos perdona a cada uno de nosotros todos los días por los pequeños y los grandes errores que cometemos. Por lo tanto, cuando te sientas ansioso por causa de tu vergüenza, ¡celebra la misericordia de Dios!

La misericordia de Dios es grande, profunda y amplia. Y la misericordia de Dios es para todos, no solamente para la gente buena y perfecta. (Pista: ¡no existe gente perfecta!). Él muestra su misericordia a quien la pida.

Entonces, no te atores en la vergüenza y la ansiedad que surgen a tu alrededor. Cuando confiamos en el perdón que nos otorga la misericordia de Dios, la ansiedad se marcha. Podemos sentir gozo de nuevo. Nos sentimos libres. Y estamos listos para una segunda oportunidad. Cuando no confiamos en la misericordia de Dios, podemos atorarnos aun más en nuestra vergüenza y nuestra ansiedad.

La misericordia de Dios es más grande

La misericordia de Dios cambió mi vida. Yo tomé muchas malas decisiones en la preparatoria y la universidad. Me juntaba con las personas incorrectas. Hacía cosas solo porque todos los demás lo estaban haciendo. Aunque era cristiano, hacía cosas de las que me arrepentía.

Durante años viví con la culpabilidad de las cosas que hice. La vergüenza me agobiaba. Me sentía mal por lo que era y por las decisiones que estaba tomando. Pero un día asistí a una iglesia y escuché que el predicador me dijo lo que yo te he estado diciendo a ti: la misericordia de Dios es más grande que nuestros pecados.

La misericordia de Dios es más grande que nuestros pecados.

Al final de su sermón, el predicador preguntó si alguien deseaba pasar adelante para recibir la misericordia de Dios. Yo corrí hacia el frente de la misma manera que Pedro nadó hacia Jesús. Me encontraba tan cansado de la vergüenza que no me importó lo que pensara quien me viera. Quería el perdón del que estaba hablando ese predicador.

¡Eso fue hace cuarenta años! (Sí, soy viejo). Desde entonces, definitivamente me he sentido ansioso en ocasiones. Pero ¿sabes qué? Ya no me siento ansioso por mi vergüenza. Soy pecador, pero he recibido misericordia.

Aunque he pecado y he cometido errores desde ese día en la iglesia, sé que Dios no me ama menos. Él no me da menos misericordia ni menos perdón. Estos obsequios continúan siendo míos para siempre.

Un desastre muy pegajoso

Cuando yo era joven, mi hermano mayor y yo estábamos jugando en la tienda mientras mi mamá compraba. Aunque ella nos había dicho que nos comportáramos, no la escuchamos. Estábamos corriendo por toda la tienda sin cuidado alguno. Recuerdo haber dado vuelta corriendo tan rápido por una esquina, que cuando llegué a una gran mesa de miel, no me pude detener. Me resbalé y caí directamente sobre el exhibidor. Los frascos de vidrio de la miel se quebraron y cayeron por todo el suelo. Fue un desastre muy pegajoso.

El administrador de la tienda se acercó a la esquina para ver de qué se trataba el ruido. Cuando me vio, preguntó: «¿De quién eres hijo?».

Yo me paralicé ahí, en el suelo. Miré la miel a mi alrededor. Observé al enfadado gerente de la tienda. Estaba seguro de que me enviarían a prisión o algo muy malo por lo que había hecho. Pero en ese momento escuché una voz detrás de mí. Era mi mamá.

VENCE LA VERGÜENZA CON LA VERDAD DE DIOS

Cuando te sientas...		Recuerda que Dios dice...
No soy suficiente.	⟹	Él me ayudará (Isaías 41:10).
Algo anda mal conmigo.	⟹	Él me creó perfectamente (Salmos 139:13-14).
No encajo.	⟹	Yo soy su hijo (1 Juan 3:1).
Soy una mala persona.	⟹	Él me perdonará (1 Juan 1:9).

«Es mío —le dijo—. Limpiaremos este desastre».

Mi mamá se responsabilizó de mí y mi desastre. Jesús también hace eso. Él se hizo responsable de todos nuestros desastres cuando murió por nosotros en la cruz. Nosotros somos perdonados porque Él entregó su vida. No importa el gran desastre en que nos metamos, Él siempre nos reclamará como suyos y nos perdonará. Con Él de nuestro lado, estamos seguros.

Y no tenemos que hacer nada para ganarnos esa misericordia de Dios. Recuerda, la misericordia es un regalo, ¡y los regalos son gratuitos!

Esto me recuerda a una familia de trapecistas, conocidos como los Voladores Rodleigh. Cuando un entrevistador le preguntó a uno de los voladores el secreto de los trapecistas, el acróbata le dijo:

«El secreto es que el volador no haga nada y el receptor lo haga todo... Cuando yo vuelo hacia Joe [mi receptor], simplemente tengo que estirar los brazos y las manos, y esperar que él me atrape y me jale de forma segura por el [columpio]...

Lo peor que puede hacer un volador es intentar atrapar al receptor. No soy yo quien debe atrapar a Joe. El trabajo de Joe es atraparme a mí. Si yo sujetara las muñecas de Joe, podría fracturárselas, o él podría fracturarme las mías, y eso sería el fin de ambos. El volador debe volar y el receptor debe atrapar, y el primero debe confiar con los brazos estirados en que el segundo estará ahí, presente».

En el gran acto trapecista de salvación, Dios es el receptor y nosotros somos los voladores. Nosotros confiamos. Punto. Confiamos en que Dios nos atrapará. Al hacerlo, sucede algo asombroso: volamos.

Analiza tu cerebro y tu corazón

1. ¿Te preocupas por ser lo suficientemente bueno? Pídele a un adulto que te ayude a encontrar un versículo bíblico que hable de lo que Dios dice acerca de ti. Memoriza el versículo y recítatelo la siguiente vez que sientas que no eres lo suficientemente bueno.
2. Escribe cinco cosas que te gustan de ti. Y recuerda: ¡Dios te hizo justo como te quería!
3. ¿Hay algo por lo que necesites perdón? No permitas que la vergüenza crezca. Dile que lo sientes a la persona que lastimaste y pídele a Dios que te perdone.

CAPÍTULO CUATRO

Regocíjate siempre

Quiero que hagas algo un poco extraño. Coloca tus dedos a cada lado de tu frente y haz esta oración: «Gracias, Señor, por mis amígdalas cerebrales. Gracias, Señor, por esta parte de mi cerebro. Sin ella no estaría vivo».

Amigda... ¿qué?

Tus amígdalas cerebrales son dos pequeñas partes de tu cerebro en forma de almendras, que se localizan detrás de tu frente. Estas son el sistema de alarma de tu cuerpo. En una casa, el sistema de alarma suena cuando hay un intruso cerca. La alarma está para decirte: «¡Sal de ahí! ¡Vete a un lugar seguro! ¡Un malvado anda cerca!».

Las amígdalas cerebrales hacen sonar una alarma cuando estás en peligro. Si estás atravesando la calle y un coche suena el claxon, tus amígdalas te dirán: «¡Súbete a la acera! ¡Sal del camino!». Si andas caminando por el

bosque y ves un oso, tus amígdalas te dirán: «¡Corre!».
Si te encuentras en un partido de béisbol y una bola se
dirige hacia tu cabeza, tu amígdala te dirá: «¡Agáchate!».

Cuando estamos en peligro podemos reaccionar
rápidamente debido al sistema de advertencia de nuestras amígdalas.

Cuando nuestras amígdalas están en máxima alerta, le
dicen a nuestro cuerpo que se prepare para resguardarnos.
Respiramos más rápidamente para obtener más oxígeno.
Nuestras pupilas se dilatan para mejorar nuestra visión.
Nuestro pulso se acelera para bombear más sangre a nuestras venas. Nos volvemos más rápidos y más fuertes, listos
para escapar del peligro. Genial, ¿no?

Nuestras amígdalas cerebrales hacen sonar una alarma cuando nuestro cuerpo está en peligro.

Sin embargo, nuestras
amígdalas pueden ser *demasiado* sensibles. Cuando lo
son, pueden hacer que reac-
cionemos exageradamente
o que nos volvamos ansio-
sos aunque no haya ningún
peligro real. Por ejemplo,
digamos que te caes de tu bicicleta y te raspas la rodilla. No
es una herida muy profunda, pero tus amígdalas, que reaccionan exageradamente, podrían decir: «¡Las bicicletas son
peligrosas! ¡No vuelvas a andar en bicicleta!». O digamos que
obtienes una nota mala en un examen. Es solo un examen
y la próxima vez puedes hacerlo mejor. Pero tus amígdalas exageradas te dicen: «¡Fracasaste! ¡Deja la escuela!».

¿Te sientes ansioso?

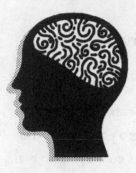

Te sientes **preocupado** con frecuencia y no tienes certeza de por qué.

Tu corazón late rápidamente.

Buscas señales de **peligro**.

Sudas.

Tu estómago se revuelve.

Te imaginas el peor caso posible.

Te sientes **mareado**.

Te sientes **tenso** e inquieto.

Tienes que ir al baño continuamente.

Estás irritable.

Se te dificulta respirar.

Te cuesta trabajo **enfocarte**.

Tienes **jaquecas**.

Te paralizas.

No puedes dormir por la noche.

La ansiedad constante sucede cuando el sistema de alarma de tu cerebro no se apaga. Un poco de ansiedad es útil. Necesitamos ser alertados al peligro. Pero no necesitamos vivir en un estado de máxima alerta.

Apaga la alarma

¿Reaccionan exageradamente tus amígdalas cerebrales? Si te sientes muy inquieto, preocupado o enfadado, podrías necesitar reentrenar tu cerebro para que se tranquilice, excepto cuando te encuentres en un peligro real. ¿Parece muy difícil? No te preocupes, Dios te ayudará, ¡y su Palabra nos da el lugar correcto para empezar!

Recuerda que, en Filipenses 4:4, Pablo escribió: «Regocíjense en el Señor siempre». *Siempre.* No solamente los viernes o en tu cumpleaños. Regocíjate *siempre.*

Cuando el mundo se vuelve gris

José comprendió lo difícil que era sentir gozo cuando la vida era difícil. Su historia se encuentra en el libro de Génesis. Él vivió unos veinte siglos antes que Pablo, pero ambos conocieron el desafío de estar en prisión.

José tenía sueños que mostraban lo que sucedería en el futuro. Además, era bueno para interpretar lo que significaban los sueños. Una noche tuvo un sueño en que sus hermanos se inclinaban ante él, como si él fuera rey y sus hermanos siervos. Cuando les contó el sueño, ellos se enfadaron. Querían deshacerse de él, de manera que lo vendieron como esclavo.

José terminó en Egipto como esclavo de un hombre rico, llamado Potifar. Pero a la esposa de Potifar no le simpatizaba José. Por eso, lo acusó de un delito que no cometió. Así fue como él terminó en prisión. La cárcel de José era fría y oscura, un calabozo subterráneo sin ventanas. Solo cenaba comida rancia y agua amarga. No tenía manera de salir.

Además, no tenía a ningún amigo que lo ayudara. Aunque al principio pensó que sí. En la cárcel, José conoció a un hombre que había sido el copero del palacio de Faraón. Él interpretó un sueño del copero, diciéndole que pronto estaría sirviendo de nuevo a Faraón. José le pidió al copero que le dijera algo bueno de él. El copero aceptó. El corazón de José se aceleró; su esperanza se elevó. Mantenía vigilada la puerta de la cárcel, esperando ser liberado en cualquier minuto.

«Pero el jefe de los coperos no se acordó de José, sino que se olvidó de él» (Génesis 40:23). Y parecía que todos los demás también. José fue completamente abandonado.

¡Así que terminó estando en prisión durante dos años! Dos años por un delito que no cometió. Eso es suficiente tiempo para que el mundo se volviera gris.

Mucho tiempo para preguntarse: ¿Dónde está Dios? *¿Es esta la recompensa por la buena conducta?*

No sabemos si José hizo esas preguntas. Pero podría haberlo hecho. Yo lo habría hecho.

¿Alguna vez has hecho esa clase de preguntas? ¿Alguna vez has pasado por un tiempo tan difícil que te hizo preguntarte si a Dios le importaba o si siquiera sabía lo que te estaba sucediendo?

Mucha gente piensa que a Dios no le interesa. O no creen que haya un Dios, porque razonan que, si hubiera uno, la vida no sería tan difícil. Pero los cristianos creemos que Dios es real y que a Él le interesa lo que nos sucede. Hebreos 1:3 dice: «Él es el resplandor de su gloria y la expresión exacta de su naturaleza, y sostiene todas las cosas por la palabra de su poder».

Este versículo significa que Jesús está sosteniendo al mundo y dirigiéndolo de cierta manera. Él no está inventando cosas sobre la marcha. Él tiene un plan. Pero, si Dios tiene un plan, ¿por qué nos suceden esas cosas malas? ¿Por qué le han sucedido a la gente que amamos? ¿Por qué algunos días son muy difíciles? Para averiguarlo, hablemos del resto de la historia de José.

«Pero Dios»

¿Recuerdas al copero del palacio que José conoció en prisión? Bueno, al fin recordó a José, cuando Faraón tuvo algunos sueños aterradores. El copero recordó que José era bueno para saber qué significaban los sueños. Faraón llamó a José al palacio. José le dijo a Faraón que los sueños eran una advertencia. Se acercaba una sequía a Egipto y la nación se quedaría sin alimento. Faraón estaba tan impresionado que sacó de la prisión a José y lo contrató. José se volvió la mano derecha de Faraón y ayudó a la gente a almacenar comida para que pudieran sobrevivir a la sequía.

Años más tarde, durante la sequía, los hermanos de José fueron a Egipto a comprar alimentos. Cuando los hermanos descubrieron a José, esperaban que él estuviera enfadado y los arrestara. Pero José les dijo: «Ustedes pensaron hacerme mal, pero Dios lo cambió en bien para que sucediera como vemos hoy, y se preservara la vida de mucha gente. Ahora pues, no teman. Yo proveeré para ustedes y para sus hijos» (Génesis 50:20-21).

En estos versículos se encuentran dos palabras muy importantes: *pero Dios*.

José dijo: «Ustedes pensaron hacerme mal, *pero Dios...*». José tenía una buena perspectiva de su vida. Él sabía que había sufrido mucho. Pero también sabía que Dios había estado con él en medio del sufrimiento, obrando un plan para bien; ¡de hecho, un plan para salvar a mucha gente de la hambruna!

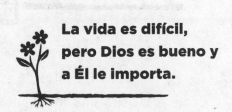

La vida es difícil, pero Dios es bueno y a Él le importa.

Si olvidamos que Dios está con nosotros obrando para cosas buenas durante los tiempos difíciles, podemos volvernos ansiosos. Saber que Dios tiene el control y se preocupa por nuestra vida, nos trae paz. La vida es difícil, *pero Dios* es bueno y a Él le importa.

Decir «pero Dios» puede ayudarte con las cosas por las que estás preocupado. Mira estos ejemplos:

> Mis padres se están divorciando, pero Dios se encarga de mí y Él es un buen padre.
>
> Mi abuela está enferma, pero Dios lo sabe y Él ama a mi abuela.
>
> Estoy reprobando mi clase de inglés, pero Dios está conmigo aunque fracase.

Así es como Dios puede calmarnos las amígdalas. Cuando nuestras amígdalas nos dicen que nos pongamos como locos o nos preocupemos, nosotros podemos decir: «Pero Dios _____». Llena el espacio en blanco para cualquier situación.

Una noche antes de irse a dormir, Oliver estaba mirando las fotos de sus amigos en las redes sociales. Una amiga publicó una foto de ella con otra compañera en la biblioteca estudiando para un examen. Oliver estaba en la misma clase que esas amigas, pero todavía no había comenzado a estudiar para ese examen.

Cuando vio la imagen de su amiga, se preocupó. ¿Debía haber comenzado a estudiar antes? ¿Reprobaría? Las chicas de la foto eran algunas de las más inteligentes de la clase. Entonces empezó a sentirse tonto por no haber estudiado antes. Comenzó a preocuparse por si obtenía una mala calificación. Luego le preocupó que fuera demasiado tarde para ponerse al día.

¿Alguna vez te has sentido ansioso por un examen o un proyecto de la escuela? ¿Qué le dirías a Oliver para ayudarlo con su ansiedad?

Consumado es

La vida de José es un buen ejemplo en el que Dios utilizó una situación mala para bien. Pero la muerte y la resurrección de Jesús son los mejores ejemplos.

Ningún acto fue más funesto que la crucifixión de Cristo. No hubo otro día más oscuro. Sin embargo, la crucifixión fue el evento clave en el plan de Dios desde que Adán y Eva pecaron en el huerto. Como les dijo

Pedro a los judíos semanas después de la muerte de Jesús: «Este fue entregado por el plan predeterminado y el previo conocimiento de Dios, y ustedes lo clavaron en una cruz por manos de impíos y lo mataron. Pero Dios lo resucitó, poniendo fin a la agonía de la muerte, puesto que no era posible que Él quedara bajo el dominio de ella» (Hechos 2:23-24).

¿Lo notaste?

Pero Dios tenía un plan.

Lo último que dijo Jesús antes de morir fue: «Consumado es» (Juan 19:30). Jesús había venido a hacer un trabajo: salvarnos. Lucas 19:10 dice: «Porque el Hijo del Hombre ha venido a buscar y a salvar lo que se había perdido».

Cuando Cristo murió en la cruz, Él fue el pago por nuestros pecados. La obra de Cristo en la cruz significa que cualquiera que siga a Jesús puede estar en el cielo con Dios algún día. Nuestros pecados evitarán que vayamos allá. Jesús se ocupó de eso. Consumado es.

Aunque para sus amigos la muerte de Jesús fue dolorosa y triste, no careció de sentido. Dios tenía un plan. Tampoco fue aquel el final de la historia de Jesús. ¡Él se levantó de la muerte tres días después! Los fariseos y los romanos intentaron lastimar a Jesús, *pero Dios* tenía un plan.

Las historias de José y de Jesús nos enseñan que tenemos una decisión que tomar para responder a los tiempos difíciles de nuestra vida. Podemos permitir que nuestras amígdalas cerebrales tengan el dominio y nos empapen de ansiedad, o podemos decir:

Pero Dios tiene un plan.
Pero Dios me ama.
Pero Dios se está ocupando de esto.

Cuando nos enfocamos en su plan, Dios nos da una paz que calma nuestra ansiedad.

Estoy bien con mi Dios

Hace un tiempo hice una visita especial al hotel American Colony, en Jerusalén. Me encontraba en Israel con una larga lista de lugares por visitar y sitios por conocer. Pero al principio de la lista estaba la visita al vestíbulo de ese hotel. No lo coloqué en mi lista solo porque yo también fuese estadounidense. Y no quería ir solamente porque la comida del restaurante fuese deliciosa y el hotel bonito. Quería ver las letras de una canción escritas a mano que se encuentran en la pared, enmarcadas a la vista de todos.

Horatio Spafford escribió las letras de esa canción, sin imaginarse que se convertirían en las palabras de uno de los himnos más famosos del mundo.

En 1871, Horatio y su esposa, Anna, sufrieron pérdidas trágicas en el gran incendio de Chicago. En noviembre de 1873, Anna y sus hijos zarparon hacia

Europa con un grupo de amigos. Horatio se quedó en casa para ocuparse de algunos negocios. El 2 de diciembre, recibió un telegrama de su esposa, que decía: «La única a salvo. ¿Qué debo hacer?».

Horatio enseguida se enteró de que el barco había chocado con un navío británico y se había hundido. Sus cuatro hijas se habían ahogado. Solamente sobrevivió Anna. Así que partió hacia Inglaterra para traer a Anna de vuelta. Mientras el barco cruzaba el océano donde murieron sus hijas, él escribió la letra de una canción, que proclamaba la sabiduría y el cuidado de Dios en medio del sufrimiento. Se llama «Estoy bien con mi Dios». Quizá la hayas escuchado. Ojalá confiemos tanto en Dios que también podamos decir: «Estoy bien con mi Dios». Siempre.

Analiza tu cerebro y tu corazón

1. Haz una historieta para contar sobre alguna vez en que tus amígdalas cerebrales te protegieron. ¿Cuál fue el peligro?

2. Haz una historieta para contar sobre alguna vez en que tus amígdalas cerebrales reaccionaron exageradamente. ¿Qué

pensó tu cerebro que era peligroso? ¿Con
frecuencia te sientes ansioso por esa
«amenaza»? Pídele a Dios que te ayude
con ese temor.

3. Subraya o sombrea cualquiera de
   estas cosas que hayas experimentado
   recientemente:

   Dolor estomacal

   Dificultad para respirar

   Taquicardia

   Jaqueca

   Sudoración cuando estás quieto

   Dificultad para dormir

   Dificultad para enfocarte

   Olvidas las cosas

   Te sientes tenso o inquieto

   Imaginas desastres

4. La siguiente ocasión que te sientas así,
   regresa a esta sección y completa estas
   oraciones.

   Me siento _____.

   Estoy preocupado por _____.

   Pero Dios _____.

SECCIÓN 2

Apela a Dios por ayuda

Con oración y ruego, presenten sus peticiones a Dios.

—Filipenses 4:6

CAPÍTULO CINCO

Una calma contagiosa

En 1962, cuatro submarinos rusos navegaron hacia la costa de Florida. Los sumergibles habían estado en un dilatado y arduo viaje, por lo que los hombres de la tripulación estaban cansados. Habían sido golpeados por un huracán que hizo que sortearan olas de quince metros. Navegaron por las cálidas aguas, que provocaron que la temperatura de sus submarinos se elevara a 48 °C.

Los rusos estaban exhaustos, ansiosos y cansados de estar recluidos dentro de los calurosos submarinos. Pero se enteraron de que barcos estadounidenses los estaban siguiendo. Los rusos pensaron que estaban bajo ataque.

El capitán de la flota de submarinos perdió la serenidad. Reunió a la tripulación y golpeó la mesa con los puños. «¡Vamos a acabarlos ahora! Moriremos, pero los hundiremos, ¡no avergonzaremos a nuestra armada!».

En ese tiempo, Rusia y Estados Unidos no se llevaban bien. Un ataque pudo haber provocado una tercera guerra mundial. Así que, un oficial llamado Vasili Arkhipov pidió tener un momento a solas con el capitán. Los dos hombres se apartaron de los demás. Vasili instó al capitán a que reconsiderara. Le sugirió que hablaran con los estadounidenses antes de reaccionar. El capitán escuchó. Su ira se aplacó.

Los submarinos rusos finalmente se sumergieron en la profundidad donde los barcos estadounidenses no pudieran verlos. Luego navegaron con seguridad de vuelta a Rusia.

Ese día, un hombre sereno evitó que estallara una guerra. Su calma influyó en el capitán e incontables vidas fueron salvadas. Un historiador dijo: «La lección de este [acontecimiento] es que un chico llamado [Vasili] Arkhipov salvó al mundo».

Quizá te estés preguntando por qué te estoy contando esta historia. Tú no estás en la marina. Probablemente nunca has estado en un submarino. Pero sabes cómo se siente estar estresado. Sabes qué es tener una clase difícil o un entrenador que te grita, o un padre enfermo. Sabes qué es estar bajo una presión parecida a la de los rusos de ese submarino.

Cuando nos encontramos en situaciones como esa, es tentador perder la calma y enfadarnos. O tomar decisiones con demasiada premura, como intentó hacerlo el capitán ruso. Resulta tentador perder nuestra calma,

Una persona tranquila...

Ora antes de actuar.

Trata a los demás con **amabilidad.**

Escucha a los demás.

Habla con gentileza.

Considera los **hechos** antes de reaccionar.

Busca la mejor **solución** para todos.

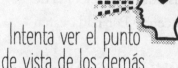

Intenta ver el punto de vista de los demás.

Mantiene la calma.

Confía en que Dios solucionará los problemas.

Piensa lo **mejor** de la gente.

Todos deben estar listos para escuchar, y ser lentos para hablar y para enojarse.

—Santiago 1:19 NTV

perder el control y hacer algo de lo que nos arrepintamos. ¿Has hecho algo así? Quizá estabas estresado por la escuela o fuiste hostil con tu hermana menor cuando te hizo una pregunta. O quizá le dijiste algo malo a un amigo, o le gritaste a tu mamá, o fuiste irrespetuoso con tu papá. Cuando estamos estresados o ansiosos, todos hacemos cosas de las que nos arrepentimos. Pero podemos aprender a estar tranquilos como Vasili Arkhipov, aunque la vida a nuestro alrededor no lo esté.

No estás solo

Esta es la manera de vivir a la que Pablo llamó en Filipenses 4:5-6: «La bondad de ustedes sea conocida de todos los hombres. El Señor está cerca. Por nada estén afanosos».

¿Conoces a alguien que sea amable y gentil? ¿Alguien que habla con ternura, que dice cosas amables a los demás, que no se enfada con frecuencia? A todos nos atrae la gente así. Nos ayudan a tranquilizarnos cuando nos estresamos. Nos sentimos seguros a su alrededor. Pablo nos dice que todos debemos ser amables y gentiles, de modo que los demás lo vean.

La gentileza de Vasili Arkhipov tranquilizó al capitán del submarino. La calma es contagiosa. Si tienes gripa, eres contagioso. Permaneces alejado de tus amigos y familiares, para que no se contagien. La calma funciona de la misma manera, ¡excepto que es algo bueno que contagiar! Cuando estás alrededor de una persona calmada, te calmas. Contraes su calma contagiosa.

Una persona con una calma contagiosa les recuerda a los demás que «Dios tiene el control». Es el capitán del equipo de fútbol que dice: «No te preocupes. Ahora mismo estamos perdiendo, pero los alcanzaremos». Es el maestro que te recuerda: «El examen será difícil, pero eres inteligente y estás preparado. Podrás arreglártelas». Es la clase de persona que te hace sentir calmo frente a algo que normalmente te hace sentir ansioso.

> **Una persona con una calma contagiosa les recuerda a los demás que «Dios tiene el control».**

¿Cómo puedes convertirte en una de esas personas? Solo mira de nuevo nuestro versículo: «El Señor está cerca. Por nada estén afanosos». Otra traducción de este versículo dice: «El Señor está cerca. No se inquieten por nada» (NVI).

¡El Señor está cerca! No estás solo. Podrás sentirte solo, pero Dios está contigo a cada momento.

Échales una mirada a algunos de estos versículos del Antiguo Testamento.

Dios le dijo a Isaac: «No temas, porque Yo estoy contigo» (Génesis 26:24).

Un sábado por la tarde, Emma texteó a unas amigas. Una de ellas compartió una publicación de la
cuenta de redes sociales de su escuela, anunciando
las pruebas de básquetbol del año siguiente. Emma,
en verdad, quería entrar en el equipo. Jugar básquetbol es una de sus actividades favoritas.

Sus amigas también querían entrar en el
equipo. Una de ellas escribió: «¡Estoy taaaaan nerviosa! Escuché que habrá una nueva entrenadora y
que es súper intensa!».

Otra amiga intervino: «¡Ay, no! Debí haber
practicado más durante el verano. Mis lecciones de
piano me están consumiendo demasiado tiempo.
¡Quizá deba dejarlas!».

Las amigas de Emma continuaron hablando
acerca de cuán nerviosas estaban por las pruebas. Eso hizo que a Emma le doliera el estómago.
Ella nunca había estado tan nerviosa, pero estaba
poniéndose cada vez más ansiosa por las pruebas.
¡Y todavía faltaban varios meses!

¿Alguna vez has tenido una conversación como
esa? Tus amigas comienzan a hablar de algo y,
cuando te das cuenta, te sientes nerviosa o ansiosa
por algo que no te preocupaba antes. ¿Qué mensaje

podría enviar Emma a sus amigas acerca de ser amable y gentil? ¿Cómo puede extenderles una calma contagiosa?

Él le dijo a Josué: «No temas ni te acobardes, porque el Señor tu Dios estará contigo dondequiera que vayas» (Josué 1:9).

Dios incluso se llama a sí mismo Emmanuel, que significa «Dios con nosotros». Es más, se hizo carne tal como nosotros cuando Jesús vino y vivió en la tierra. ¡Eso es lo más cerca que Dios puede estar! Y ahora tenemos al Espíritu Santo, que es el Espíritu de Dios, que nos consuela y nos guía.

Los panes y los peces

Puesto que el Señor está cerca, no debemos preocuparnos por nada. Aun cuando sintamos que nos estamos hundiendo con las tareas, las expectativas o simplemente con la *vida*, Él está ahí. Y tiene el poder para encargarse de todas esas cosas que te hacen sentir abrumado.

Ya sabes cómo se siente eso. Conoces el temor que te congela el cerebro cuando la información es demasiada como para aprendértela. O el cambio es demasiado grande como para implementarlo. O las opciones son demasiadas

Puesto que el Señor está cerca, no debemos preocuparnos por nada.

como para escoger. O la tristeza es muy profunda como para sobreponerte. O la montaña es demasiado alta como para escalarla. O la multitud es muy grande como para alimentarla.

Al menos eso es lo que los discípulos le dijeron a Jesús. ¿Has escuchado la historia? Leamos Juan 6:1-4:

> Después de esto, Jesús se fue al otro lado del mar de Galilea, el de Tiberias). Y una gran multitud lo seguía, pues veían las señales que realizaba en los enfermos. Entonces Jesús subió al monte y se sentó allí con Sus discípulos. Estaba cerca la Pascua, la fiesta de los judíos.

En cierto momento, Jesús se dio cuenta de que la multitud no tenía nada que comer. No tenían comida en sus bolsas y estaban a pleno campo. El Evangelio de Mateo, que también cuenta esta historia, dice que había cinco mil hombres en la multitud, además de mujeres y niños. ¡Probablemente hubiera más de quince mil personas ahí! Y *todos* estaban hambrientos.

Cuando Jesús alzó los ojos y vio que una gran multitud venía hacia Él, dijo a Felipe: «¿Dónde compraremos pan para que coman estos?». Pero decía esto para probarlo, porque Él sabía lo que iba a hacer. Felipe le respondió: «Doscientos denarios de pan no les bastarán para que cada uno reciba un pedazo». Uno de Sus discípulos, Andrés, hermano de Simón Pedro, dijo a Jesús: «Aquí hay un muchacho que tiene cinco panes de cebada y dos pescados; pero ¿qué es esto para tantos?».

—Juan 6:5-9

¿Cómo respondieron Felipe y Andrés? Felipe fue pesimista, dijo que sería imposible conseguir suficiente dinero para comprar comida para toda la gente. Andrés indicó que no serían suficientes los cinco panes y los peces que les había ofrecido el muchacho. Y no se equivocaba. Lo que tenía el muchacho definitivamente no era suficiente, pero los discípulos estaban olvidando una cosa. Que estaban en la presencia de Jesús. Lo habían estado siguiendo durante algún tiempo. Lo habían visto enseñar, hacer milagros y cosas tan asombrosas que quince mil personas se habían reunido para escucharlo ese día.

Sin embargo, Felipe, que era un hombre práctico, miró aquel mar de rostros. Escuchó los murmullos e imaginó los gruñidos de los estómagos. Y respondió sin vacilación: «No tenemos lo que se necesita para enfrentar este desafío. Nuestras billeteras no tienen efectivo. Hay demasiadas bocas y pocos dólares».

Observa que cada persona hablaba acerca del abrumador número de personas que necesitaban alimento:

La pregunta de Jesús: «¿Dónde compraremos pan para que coman estos?» (v. 5).

La respuesta de Felipe: «Doscientos denarios de pan no les bastarán para que cada uno reciba un pedazo» (v. 7).

La idea de Andrés era comenzar con el almuerzo del muchacho. Pero luego dijo: «Pero ¿qué es esto para tantos (v. 9).

Jesús reconoció a «estos». Felipe no veía opción para el festín que se necesitaría para ofrecerle a «cada uno» un bocado. Andrés tenía una idea, pero la sugerencia languideció al ver que eran «tantos».

¿Alguna vez te has sentido así? Tu mayor desafío podría ser «toda esta tarea», o «todas estas peleas», «todas estas enfermedades». Cualquiera que sea el asunto, la necesidad es mucho mayor que la provisión. Te sientes tan desesperanzado como Felipe y tan pequeño como Andrés.

Nos gustaría que los seguidores de Jesús respondieran con más fe. Antes de ese día, ellos habían visto a Jesús...

sanar la lepra (Mateo 8:3).

calmar una tormenta (Mateo 8:26).

sanar a un hombre paralítico (Mateo 9:6-7).

sanar a una mujer que había estado enferma doce años (Mateo 9:22).

y levantar de la muerte a una niña (Mateo 9:25).

Ellos contaron las personas hambrientas, el dinero que tenían en sus bolsillos y la cantidad de panes y peces. Sin embargo, no contaron con Cristo.

¡Y eso que estaba parado ahí! No podía estar más cerca. Ellos podían verlo, escucharlo, tocarlo e incluso olerlo. No obstante, no se les ocurrió la idea de pedirle ayuda.

Aun así, Jesús puso manos a la obra.

"Hagan que la gente se siente", dijo Jesús. Y había mucha hierba en aquel lugar; así que se sentaron. El número de los hombres era de unos cinco mil. Entonces Jesús tomó los panes, y habiendo dado gracias, los repartió a los que estaban sentados; y lo mismo hizo con los pescados, dándoles todo lo que querían.

Cuando se saciaron, dijo a Sus discípulos: "Recojan los pedazos que sobran, para que no se pierda nada". Ellos los recogieron, y llenaron doce cestas con los pedazos de los cinco panes de cebada que sobraron a los que habían comido.

—Juan 6:10-13

Me imagino a la gente echada en el verde césped, tan llena y satisfecha que necesitaron una siesta. Los estómagos hambrientos se alegraron. Había tanta comida que hubo doce cestas de sobras. El desafío imposible de alimentar a «estos», se convirtió en el inolvidable milagro de una multitud alimentada.

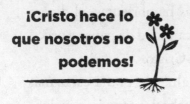

¡Cristo hace lo que nosotros no podemos!

Esto es lo que sucede cuando le pedimos ayuda a Jesús. Para Él, nuestros problemas no son demasiado grandes. Él no se abruma. ¡Cristo hace lo que nosotros no podemos!

Los tocones del árbol

En un libro llamado *The Dance of Hope* [La danza de la esperanza], el autor William Frey cuenta una historia de cuando tenía once años. William creció en un pueblo de Georgia. Una de sus tareas era recoger leña para la pequeña estufa de su casa. Buscaba tocones de pinos que habían sido cortados en el bosque. Luego los cortaba en trozos para que su familia los hiciera arder.

> Un día encontré un tocón grande en un campo abierto cerca de casa e intenté desarraigarlo. Literalmente lo empujé, lo jalé y lo palanqueé varias horas, pero el sistema de raíces estaba tan profundo y tan extendido, que no pude sacarlo de la tierra. Estaba luchando, cuando mi padre llegó a casa de su oficina, me encontró trabajando y se acercó a mirar.
>
> —Creo que veo tu problema —me dijo.
>
> —¿Cuál es? —le pregunté.
>
> —No estás usando toda tu fuerza —me respondió.

Yo exploté y le dije cuán duro había trabajado y cuánto tiempo.

—No —me dijo—, no estás usando toda tu fuerza.

Cuando me tranquilicé, le pregunté a qué se refería, y él me dijo: «Todavía no me has pedido que te ayude».

Calmar la ansiedad es muy similar a desarraigar tocones de la tierra. Algunas de tus preocupaciones están arraigadas en la profundidad de tu ser como lo están las raíces de un árbol. Sacarlas es un trabajo muy difícil. Pero no tienes que hacerlo solo.

Dile a Dios cuál es tu desafío. Pídele ayuda.

¿Te resolverá el problema? Sí, lo hará.

¿Lo resolverá inmediatamente? Quizá. O posiblemente lo resuelva después o en una manera que no esperabas. De cualquier forma, Él está ahí contigo en este momento. Y cuando le des tus preocupaciones, Él te dará una calma contagiosa.

Analiza tu cerebro y tu corazón

1. Piensa en alguien que conozcas que sea amable y gentil. ¿Cómo trata y les habla a

los demás? ¿Cómo podrías ser más amable y más gentil, tal cual esa persona?

2. A veces tenemos preocupaciones que duran mucho tiempo. Esas preocupaciones son como las raíces de un árbol: se internan en lo profundo de nuestro ser. Escribe tus mayores preocupaciones en las raíces de la imagen.

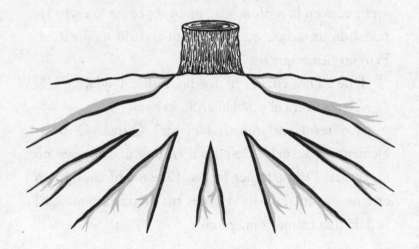

3. Ahora, pídele a Dios que te ayude con todas esas preocupaciones arraigadas. Si no estás seguro de qué decir, utiliza esta oración:

Querido Dios:

A veces siento que mis preocupaciones son muy grandes y yo muy pequeño. Estas son las cosas por las que me he preocupado durante largo tiempo. Pienso en ellas todo el tiempo y no estoy seguro de qué hacer.

Pero sé que puedes hacer milagros. Tú puedes sanar a la gente. Puedes ayudar con las amistades y las relaciones. Dios, hoy necesito tu ayuda. Te entrego todas estas preocupaciones. Por favor, encárgate de ellas. Calma mi ansiedad. Dame una calma contagiosa, de forma que me sienta tranquilo y pueda darles una sensación de calma a todos los que me rodean. En el nombre de Jesús, amén.

CAPÍTULO SEIS

Oración, no desesperación

¿Qué fue lo último que les pediste a tus padres? Cuando mis hijas eran pequeñas, ellas no decían cosas como: «Por favor, sé un buen padre conmigo hoy». Me hacían solicitudes específicas como: «¿Puedes recogerme de casa de mi amiga después de la escuela?». O: «Dejé mi almuerzo en casa. ¿Podrías traérmelo?».

Ellas pedían exactamente lo que necesitaban. Nosotros podemos hacer eso con Dios en oración. Podemos darle tantos detalles como deseemos, acerca de cualquier cosa y de todo. Él escucha cada palabra.

Pablo dijo en Filipenses 4:6: «No se preocupen por nada; en cambio, oren por todo. Díganle a Dios lo que necesitan y denle gracias por todo lo que él ha hecho» (NTV). Hasta ahora, Pablo nos ha dicho que nos consolemos con lo que Dios es. Dios es misericordioso. Dios

La paz llega cuando la gente ora. es soberano. Dios está cerca. Recordar estas cosas acerca de Dios nos trae consuelo cuando nos sentimos ansiosos. Ahora, en este versículo, ¡Pablo nos llama a actuar!

Orar es ponernos a trabajar. Es una manera en que abordamos nuestras preocupaciones. Es optar por llevarle a Dios las preocupaciones antes de que la ansiedad nos controle. La paz llega cuando la gente ora.

Dios quiere que oremos por todo. Como dijo Pablo: «No se preocupen por nada; en cambio, oren por *todo*» (énfasis añadido)

¿Todo? ¿Quiere Dios realmente que oremos por todo? ¿Incluso por una rodilla raspada o una discusión que tuvimos con una amiga, o por el juego que está por empezar? ¿A Dios, en verdad, le importan esas cosas? ¡Sí!

No hay petición demasiado pequeña

Dios quiere escuchar acerca de tus deseos más minúsculos y de los problemas más pequeños. Leamos lo que sucedió cuando alguien le pidió a Jesús algo irrelevante en Juan 2:1-5:

> Al tercer día se celebró una boda en Caná de Galilea, y estaba allí la madre de Jesús; y también Jesús fue invitado a la boda, con Sus discípulos. Cuando se

CONSEJOS DE ORACIÓN

1. Ora en todos lados.
2. Entrégale tus preocupaciones del día a Dios al despertar.
3. Ora por todo, lo grande y lo pequeño.
4. Dile a Dios exactamente lo que necesitas.
5. Continúa orando hasta que Dios responda, no importa cuánto tiempo tome.

acabó el vino, la madre de Jesús le dijo: «No tienen vino». Y Jesús le dijo: «Mujer, ¿qué nos interesa esto a ti y a Mí? Todavía no ha llegado Mi hora». Su madre dijo a los que servían: «Hagan todo lo que Él les diga».

María le pidió a su hijo que lidiara con el problema: los contenedores de vino vacíos. Las personas del primer siglo en Palestina, donde vivía Jesús, hacían fiestas en serio. La boda y su recepción no duraban solamente un día. Las bodas duraban hasta siete días. Se esperaba que la comida y el vino duraran todo ese tiempo. De forma que María se preocupó cuando vio que el vino de la fiesta se había acabado.

No sabemos por qué se acabó el vino, pero sabemos cómo obtuvieron más. María le presentó el problema a Jesús. Al principio, este no estaba seguro de si debía ayudar. Pero María confiaba en que Él resolvería el problema. De forma que les dijo a los siervos que hicieran lo que Jesús les indicara. Por ahí estaban unas seis enormes tinajas de agua que los judíos usaban para su ceremonia de aseo. Entonces Jesús actuó.

> Jesús les dijo: «Llenen de agua las tinajas». Y las llenaron hasta el borde. Entonces les dijo: «Saquen ahora un poco y llévenlo al mayordomo». Y se lo llevaron. El mayordomo probó el agua convertida en vino, sin saber de dónde era, pero los que servían, que habían sacado el agua, lo sabían. Entonces el mayordomo llamó al novio, y le dijo: «Todo hombre sirve primero el vino bueno, y cuando ya han tomado bastante, entonces el inferior; pero tú has guardado hasta ahora el vino bueno».
>
> Este principio de Sus señales hizo Jesús en Caná de Galilea, y manifestó Su gloria, y Sus discípulos creyeron en Él.
>
> —Juan 2:7-11

Si yo hubiera estado en esa boda, le habría impedido a María que le pidiera ayuda a Jesús. «Él no fue enviado a la tierra para hacer tareas tan básicas, cosas cotidianas —le habría dicho yo—. Él está guardando sus poderes milagrosos para levantar a la gente de los muertos, echar fuera demonios y sanar a los leprosos. No para llenar botellas de vino».

> **A Jesús no solo le importan tus peticiones pequeñas, sino que además puede responderlas en una forma espectacular.**

Pero yo no estuve ahí ese día, lo cual es bueno. Porque resulta que nuestras peticiones no pueden ser demasiado pequeñas para Dios.

¿A veces quisieras orar por algo pero crees que a Dios no le importará? Recuerda esta historia. Ese fue un problema pequeño, pero Jesús lo arregló. Y no solamente llenó un par de botellas de vino. La Escritura dice que eran seis tinajas de piedra, cuya capacidad era de entre setenta y ciento treinta litros de agua cada uno. Jesús convirtió toda esa agua en vino. ¡En total eran unos ochocientos litros de vino!

A Jesús no solo le importan tus peticiones pequeñas, sino que además puede responderlas en una forma espectacular.

Un problema GU-moso

Tengo una historia que comprueba que a Dios le interesan nuestras peticiones de oración pese a lo pequeñas que sean. Hace varios años entrené para participar en un triatlón llamado Medio Ironman. Es una carrera seria. Primero, tienes que nadar 1,9 kilómetros, luego andas en bicicleta 90 kilómetros y después corres 21 kilómetros.

Cualquiera que participa en esa carrera sabe que debe llevar refrigerios. Estamos en la pista durante seis horas. Nos da hambre. Uno de los refrigerios más populares se llama GU. Cabe en un pequeño paquete y es hecho de una sustancia gomosa que te da mucha energía. Yo siempre llevo mucho GU en mis bolsillos, pero en esa carrera se me agotó. Todavía me faltaba un buen trecho y sabía que necesitaría más GU para poder terminar.

Oliver ha comenzado a preguntarse si está pasando demasiado tiempo en línea. Se siente ansioso cada vez que usa su teléfono hasta altas horas de la noche. Luego, revisa sus actualizaciones cada vez más durante el día. Y le molesta cuando no puede revisarlas. Durante la clase y las cenas familiares, le preocupa perderse algo importante o que alguien le deje un comentario malintencionado. Quiere utilizar la internet y las redes sociales en una manera prudente, pero no sabe cómo hacerlo.

Esta semana, en la escuela dominical, su maestra habló acerca de la oración. Ella dijo que podían orar por cualquier cosa, y que Dios los escucharía. Oliver se plantea si debería preguntarle a Dios cuánto tiempo debe pasar en su teléfono y en la internet diariamente. Pero siente que preguntarle eso a Dios es una tontería. Normalmente cuando ora, ruega por su abuelita que está enferma. Sabe que a Dios le interesa su abuelita y su salud. Pero no está seguro si le interesan las redes sociales.

¿Crees que Oliver deba orar por esta situación? Si es así, ¿qué podría decirle Oliver a Dios?

¿Entonces sabes qué hice? Oré por GU. Eso puede parecer extraño. He hecho muchas oraciones serias en mi vida. He orado por personas que estaban enfermas y por algunas que estaban muriendo. He orado por bebés recién nacidos. He orado por corazones rotos. Pero nunca había orado por GU. ¿Qué debía hacer? ¡Necesitaba el GU!

Así que oré mientras corría. Dije: «Señor, esta podría ser la única vez que has escuchado esta petición, pero esta es mi situación. Se me acabó el GU y necesito más para poder terminar esta carrera».

¿Por qué ora la gente?

La gente ora por diferentes razones.

64%
para comunicarse con Dios

57%
para adorar a Dios

55%
para pedir ayuda en los tiempos difíciles

47%
para calmar la ansiedad

Las personas oran por cosas diferentes.

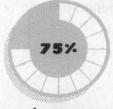

75%
por las personas allegadas

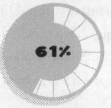

61%
por su país

33%
por las personas con las que no están de acuerdo

¿Cayó el GU del cielo? Bueno, algo así. Yo solamente conocía a tres de las personas que estaban en la carrera. Tres entre miles. Uno era un amigo de Indiana. Y adivina quién corrió a mi lado mientras estaba orando por GU. Sí, ese amigo de Indiana.

—Oye, Max, ¿cómo vas? —me preguntó.

—Bueno, tengo un problema —le dije.

Cuando escuchó que yo necesitaba GU, metió la mano en su bolsillo y sacó tres paquetes.

—Toma —me dijo—, ¡yo tengo bastante!

Podrías estar pensando que esta es una historia rara. Tienes problemas reales más grandes que ese de que se te acabe el GU. ¡Pero a eso me refiero!

¿Por qué aceptó Jesús complacer a María cuando le pidió más vino? Nadie se estaba muriendo. No era una emergencia. Lo hizo porque a María le interesaba. A Él también le interesan tus problemas —sin importar cuán pequeños sean—, porque te afectan. Si puede ocuparse de mi GU, imagínate lo que puede hacer por ti.

Todo lo que necesitas

Pablo nos dijo que oráramos por todo lo que necesitamos. Tres cosas suceden cuando hacemos eso.

1. Le mostramos a Dios que nuestras oraciones son en serio.

Si le dices a un amigo: «Eh, ¿puedo pasar por tu casa un día?», ese amigo podría pensar que no es en serio que vayas a ir a su casa. Pero si le preguntas: «¿Puedo ir el viernes por la tarde?», entonces ese amigo sabrá que realmente quieres ir.

Lo mismo sucede cuando oramos. Cuando le decimos a Dios exactamente lo que necesitamos, Él sabe que lo decimos en serio.

2. Podemos ver cómo obra Dios.

Esto se parece a mi historia del GU. Yo sabía que Dios había respondido mi oración porque oré por el GU y lo obtuve. Cuando oras por algo específico, es fácil ver cómo Dios responde tu oración.

3. No acarreamos tanta preocupación.

A veces nos sentimos ansiosos, pero no nos detenemos a identificar por qué estamos así. Solamente guardamos el sentimiento. Esto puede dificultar que sepamos exactamente qué nos está preocupando.

Quizá te sientas preocupado cada vez que tu papá llega a casa del trabajo. No estás seguro de por qué, pero te sientes así. Si te sentaras con Dios y realmente hablaras con Él acerca de esa preocupación, podrías darte cuenta de que tu papá llega a casa del trabajo estresado por las reuniones que tuvo todo el día. Su estrés, a la vez, te hace sentir estresado a ti. Cuando te des cuenta de eso, puedes orar a Dios: «Ayuda a mi papá a no estresarse y a mí a comprender que cuando está estresado, no es mi culpa».

Yo intento orar cada mañana antes del trabajo, de modo que no ande cargando demasiada preocupación. Soy muy detallado en mis oraciones y digo cosas como: «Dios, tengo una reunión a las 10:00 de la mañana por la que estoy preocupado. ¿Me ayudarías a saber qué decir y cómo responder a los demás?». Luego, si al llegar al trabajo me preocupa esa reunión, recuerdo que ya le entregué esa preocupación a Dios. Él se encargará; ya no tengo que preocuparme al respecto.

Entrégale a Él todas tus preocupaciones

Primera de Pedro 5:7 dice: «Echando toda su ansiedad sobre Él, porque Él tiene cuidado de ustedes». Esto es lo que intento hacer en las mañanas antes de ir a trabajar. Tú también puedes hacerlo. Antes de la escuela, o antes de un juego, o antes de cualquier cosa por la que estés preocupado, entrégale a Dios tus preocupaciones en oración. Y dile *exactamente* lo que necesitas.

Yo hice eso con mi maestro de álgebra cuando estaba en la escuela. Me costaban los números, por lo que la clase de matemáticas siempre me hacía sentirme preocupado. Pero mi maestro de álgebra nos dijo, al principio del año, lo siguiente: «Si no pueden resolver un problema, acérquense a mí y yo los ayudaré».

Yo hice exactamente lo que dijo. Cada vez que no podía resolver algo, me dirigía al escritorio de mi maestro y él me ayudaba. Hice eso unas cien veces durante el año escolar. Cada vez que lo hacía, mi maestro me ayudaba, y resolvíamos juntos el problema.

Tú puedes hacer eso con Dios. Cuando tengas un problema, llévaselo a Él. Él te ayudará a resolverlo.

Analiza tu cerebro y tu corazón

1. Pablo nos dice que le pidamos a Dios todo lo que necesitamos. ¿Qué necesitas hoy? Haz una lista de todo lo que puedas pensar.

2. Ahora, ora por las cosas de tu lista. Dile a Dios cada detalle.

Para después:

3. ¿Te respondió Dios alguna de tus oraciones? Si lo hizo, ¿cómo fue?

Levanta la mirada a lo positivo

Con acción de gracias.

—Filipenses 4:6

CAPÍTULO SIETE

Di «gracias»

El río más ancho del mundo no es el Mississippi ni el Amazonas ni el Nilo. El río más ancho del mundo es uno llamado «Si solo».

Multitudes se paran en ese río todo el tiempo. Lo miran y desean poder cruzar al otro lado. Ahí, creen ellos, todos sus deseos les serán concedidos. Desde luego, «Si solo» no es un río de verdad. Pero de la misma forma en que un río nos separa del otro lado de tierra, nuestros deseos separan la vida que tenemos de la existencia que deseamos.

¿Cómo podrías rellenar este espacio? Si solo _____.

Si solo fuera popular.
Si solo fuera el capitán del equipo.
Si solo fuera más bonita.
Si solo fuera más inteligente.

No hay nada de malo con esperar que las cosas mejoren. Pero a veces nuestros deseos nos hacen preocuparnos. Pensamos que, si solo tuviéramos un hada madrina que viniera a concedernos todos nuestros deseos, *entonces* seríamos felices.

Pero la felicidad no opera de esa forma. Cuantos más deseos tenemos, menos felices somos. Y más preocupados nos volvemos.

Nuestro amigo Pablo nos dijo que la «buena vida» no comienza cuando cambia nuestra existencia. Empieza cuando nuestra actitud hacia los cambios de la vida se modifica. Él dijo: «Por nada estén afanosos; antes bien, en todo, mediante oración y súplica con acción de gracias, sean dadas a conocer sus peticiones delante de Dios» (Filipenses 4:6).

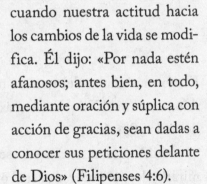

La «buena vida» comienza cuando tu actitud hacia los cambios de la vida se modifica.

Veamos estas cuatro palabras: *con acción de gracias.* Cuando, en nuestras oraciones, usamos las palabras *ayúdame, perdóname* o *muéstrame,* también debemos usar esta palabra: *gracias.*

Una actitud agradecida

Cuando le decimos «gracias» a Dios, le expresamos nuestra gratitud por las bendiciones de nuestra vida. La *gratitud* es una actitud de agradecimiento. Esa actitud de gratitud nos ayuda a tener C.A.L.MA, al levantar la mirada a lo positivo.

Levantar la mirada a lo positivo no significa hacer como si las cosas malas de nuestra vida no existieran. Solamente significa que cambiamos aquello en lo que nuestra mente pasa la mayor parte del tiempo. Nos enfocamos en lo bueno en vez de en lo malo. Nos concentramos en aquello por lo que estamos agradecidos más que en lo que deseamos.

Los médicos y los investigadores han descubierto que la gratitud puede mejorar nuestra vida en muchas formas. Las personas agradecidas son más amables con los demás y más perdonadoras. Las personas que llevan un diario de agradecimiento en el que escriben aquello por lo que están agradecidas tienen una perspectiva más positiva de la vida. Las personas agradecidas son menos celosas, se preocupan menos por las cosas materiales y están menos enfocadas en sí mismas. La gratitud ayuda a la gente a sentirse mejor consigo misma. Ayuda a dormir mejor y mejora sus relaciones.

Enfócate en aquello por lo que estás agradecido, no en lo que deseas.

La gratitud es como una medicina para el alma. ¡Hace que todos se sientan mejor!

Una de las razones tiene que ver con el río «Si solo». Cuando estamos agradecidos por lo que tenemos,

¿Qué puede hacer la gratitud por ti?

Gratitud (gra-ti-tud) sustantivo. Un sentimiento positivo hacia las cosas y la gente allegada a ti.

La gratitud mejora:

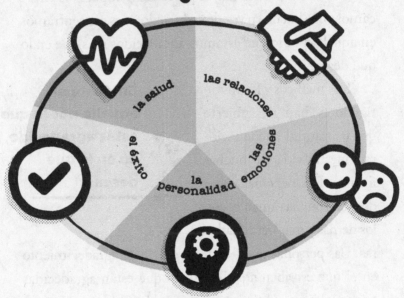

- la salud
- las relaciones
- el éxito
- las emociones
- la personalidad

Tener un diario de agradecimiento transforma la manera en que nos sentimos.

10%	**15%**	**15%**	**17%**	**13%**	**15%**
felicidad	optimismo	satisfacción con la vida	esperanza	emociones negativas	sentimientos de depresión

dejamos de decir «Si solo _____». En vez de eso, nos sentimos en paz con nuestra vida; aunque no todo esté marchando como deseamos. Cuando nos sentimos en paz con nosotros mismos y con nuestra vida, estamos menos ansiosos. Dejamos de sentir que necesitamos cambiarnos a nosotros mismos, o que la gente que nos rodea necesita cambiar o que nuestra vida necesita cambiar. Cuando practicamos la gratitud, sentimos paz y gozo, pese a lo que esté sucediendo a nuestro alrededor.

Cuenta tus bendiciones

Mi amigo Jerry es un grandioso ejemplo de alguien que está contento porque es agradecido. Su esposa, Ginger, tiene un padecimiento llamado enfermedad de Parkinson. Este mal le dificulta la movilidad a Ginger. Jerry ha pasado mucho tiempo en el hospital con ella.

Jerry podría sentirse triste o enfadado, pero no se siente así. ¿Sabes por qué? Cada mañana, su esposa y él cantan juntos un himno. Jerry siempre le pregunta a Ginger cuál quiere cantar, y ella siempre quiere cantar uno llamado «Cuenta tus bendiciones». Cuando terminan de cantar, hacen lo que dice el himno y recuerdan todo lo bueno de su vida.

Cuando nos enfocamos en nuestras bendiciones, sin importar cuán difícil sea la vida, se aclara nuestra actitud hacia ella.

Dedica un segundo, ahora mismo, a contar tus bendiciones. Piensa en aquello por lo que estás agradecido. ¿Por tu familia? ¿Por tus amigos? ¿Por un buen desayuno? Tus bendiciones pueden ser grandes o pequeñas. Todo cuenta para mostrar gratitud.

CONSEJOS PARA EL DIARIO DE AGRADECIMIENTO

¿Estás listo para sentirte más feliz, más en paz y menos preocupado? Haz un diario de agradecimiento. Puedes escribir en un cuaderno en blanco, en tu computadora o tu teléfono, o incluso hacer un diario en video. Cualquier manera en que decidas hacerlo, sigue los consejos a continuación para aprovechar al máximo una actitud de agradecimiento.

1. Sé específico al escribir tus bendiciones.

2. Escribe solo unas cuantas cosas a la vez y piensa a profundidad en ellas. ¿Por qué estás agradecido por esos obsequios? ¿Cómo te hacen sentir? ¿En qué mejoran tu vida?

3. Incluye a las personas en tu diario. Los estudios han descubierto que estar agradecido por la gente tiene un efecto mayor en nuestra felicidad en general que estarlo por las cosas.

4. Escribe los acontecimientos que te sorprendieron.

5. Utiliza categorías como guías. Por ejemplo, un día escribe acerca de las relaciones por las que estás agradecido. Otro dia escribe acerca de las pequeñas cosas, tales como el brillo del sol, la ropa limpia o el espagueti. Escribe acerca de una oportunidad, un acto de amabilidad o una habilidad. En la primera página de tu diario, haz una lista de las categorías para consultarla después.

El secreto del contentamiento

Pablo comprendió cómo estar contento con su vida, aun cuando las circunstancias no lo favorecían, es decir, la mayor parte del tiempo.

Por eso escribió en Filipenses 4:11-13: «He aprendido a contentarme cualquiera que sea mi situación. Sé vivir en pobreza, y sé vivir en prosperidad. En todo y por todo he aprendido el secreto tanto de estar saciado como de tener hambre, de tener abundancia como de sufrir necesidad. Todo lo puedo en Cristo que me fortalece».

Recuerda, Pablo escribió esto mientras estaba en prisión. Un guardia lo vigilaba constantemente. Él no sería liberado en poco tiempo. Tenía toda la razón para quejarse; sin embargo, dijo: «He aprendido el secreto de vivir en cualquier situación» (v. 12, NTV).

¿Cuál era su secreto? Lee de nuevo la última oración: «Todo lo puedo en Cristo que me fortalece». ¡El secreto del contentamiento es confiar en Jesús y en lo que Él hizo por ti!

Si tu felicidad depende de cuántos seguidores tienes en las redes sociales, cuántos jonrones haces o cuántas calificaciones A tienes en las clases, tu felicidad estará de arriba abajo todo el tiempo. Estarás feliz cuando tengas nuevos seguidores y triste cuando los pierdas. Estarás feliz cuando des un buen batazo y triste cuando no. Estarás feliz con una A y desilusionado con una B o una C.

Sin embargo, cuando tu felicidad depende de Jesús, puedes estar feliz todo el tiempo. Porque tienes a Jesús todo el tiempo.

Pablo no se enfocó en lo que no tenía mientras se encontraba en la cárcel: amigos, buena comida, tiempo de esparcimiento, libertad. Al contrario, se enfocó en lo que sí tenía: a Jesús. Y en Jesús tenía una lista completa de cosas asombrosas: salvación, perdón, gracia, amor. Lo que él tuvo en Cristo es mucho mayor que lo que no tuvo en la vida.

Resucitado de los muertos

Tal como Pablo, tú puedes contar con Jesús para obtener su perdón, su gracia, su amor y su salvación, debido a su resurrección. La resurrección es el fundamento de la fe cristiana.

Después de que Jesús muriera, dos de sus seguidores, José de Arimatea y Nicodemo, consiguieron que los romanos les dieran el cuerpo de Jesús (Juan 19:40-41).

Entonces tomaron el cuerpo de Jesús, y lo envolvieron en telas de lino con las especias aromáticas, como es costumbre sepultar entre los judíos. En el lugar donde fue crucificado había un huerto, y en el huerto un sepulcro nuevo, en el cual todavía no habían sepultado a nadie.

José y Nicodemo prepararon el cuerpo de Jesús para la sepultura. Ellos sabían que Él estaba muerto. Ya no tenía pulso. Dejaron cerrada la tumba. Se despidieron.

Pero a la mañana siguiente sucedió algo: «El domingo por la mañana temprano, mientras aún estaba oscuro, María Magdalena llegó a la tumba y vio que habían rodado la piedra de la entrada» (Juan 20:1, NTV).

Jesús fue crucificado un viernes. Permaneció en la tumba todo el día sábado. El domingo, ya no estaba. ¿Qué sucedió? ¿Se llevó alguien su cuerpo? María Magdalena, una seguidora de Jesús, pensó que eso había pasado. Ella corrió hacia los discípulos de Jesús, Pedro y Juan, y les dijo: «¡Sacaron de la tumba el cuerpo del Señor, y no sabemos dónde lo pusieron!» (Juan 20:2, NTV).

Juan y Pedro se apresuraron hacia el cementerio. Juan fue el más rápido, pero Pedro fue el más valiente. Este entró primero en la tumba y salió perplejo. Luego entró Juan y salió creyendo: «Entonces el discípulo que había llegado primero a la tumba también entró y vio y creyó» (v. 8, NTV). Jesús les había dicho a sus discípulos que se levantaría de los muertos al tercer día (Marcos 8:31; 9:31; y 10:34). El viernes, el día que murió, fue el primer día. El sábado fue el segundo día. Ahora era domingo, el tercer día.

Juan recordó y creyó. Nadie se había robado el cuerpo de Jesús. Él se había levantado de los muertos.

Pablo dijo: «Y si Cristo no ha resucitado, entonces la fe de ustedes es inútil» (1 Corintios 15:17, NTV). Ya que Él resucitó, nosotros podemos completar el pensamiento: nuestra fe es verdadera, preciosa y poderosa. Podemos contar con las bendiciones prometidas a sus seguidores: su perdón y un hogar en el cielo. Podemos contar con su presencia en nuestra vida y con su poder, que destruye la muerte en medio de nuestros momentos más difíciles.

Cuando esta es tu buena noticia, ¿qué podrá derrumbarte?

Emma tiene una vida bastante buena. Sus padres son amables y la aman. Emma comparte su habitación con su hermana y tiene su propia cama. Ellos tienen una televisión en la sala de estar y una computadora portátil para el uso de todos. Algunas de sus amigas de la escuela viven en su vecindario, de modo que puede jugar con ellas cuando quiere. La vida es bastante buena para Emma.

Sin embargo, cuando está en las redes sociales, Emma a veces desea las cosas que tienen sus amigas. Una de estas se fue de vacaciones a la playa con su familia en el verano. Emma nunca ha ido a la playa. Otra amiga publicó que fue a comprar ropa escolar nueva con su mamá. La mamá de Emma no la lleva de compras a menudo, especialmente si la ropa continúa quedándole bien. Una de las amigas de Emma publicó que se horadó las orejas. A Emma todavía no le permiten horadarse las de ella.

Estas publicaciones hacen que Emma quiera más ropa, mejores vacaciones y horadarse las orejas. Hacen que su vida parezca simple y aburrida.

¿Qué puede hacer Emma para sentirse mejor?

Vivir es Cristo

Para Pablo, lo que tenía en Cristo era todo lo que importaba. Pablo mencionó a Jesús cuarenta veces a lo largo de los 104 versículos de Filipenses, es decir, cada dos versículos y medio. Como él dijo: «Pues para mí, el vivir es Cristo y el morir es ganancia» (Filipenses 1:21).

El único objetivo de Pablo era conocer a Jesús. A él no le importaba ser rico. No le importaba ser famoso. Todo lo que quería era más de Cristo. Y Cristo estaba con él en todo tiempo, de forma que Pablo estaba satisfecho.

Analiza tu cerebro y tu corazón

1. ¿Por qué cosas estás preocupado hoy? Anota todo lo que se te ocurra.

2. ¿Por qué cosas estás agradecido hoy? Piensa en tantas cosas como te sea posible, sin importar cuán grandes o pequeñas sean.

3. ¿Te sientes diferente de alguna manera por tus preocupaciones después de haber escrito tu lista de agradecimiento? De ser así, explica cómo te sientes.

CAPÍTULO OCHO

Una paz perfecta

Cuando los marineros describen una tormenta de la que ningún barco puede escapar, dicen que es una tormenta perfecta. Los vientos huracanados, un frente frío, un aguacero, olas del tamaño de una montaña. Todos los elementos se combinan para crear un desastre.

Sin embargo, no necesitas ser pescador o marinero para experimentar una tormenta perfecta. Todo lo que necesitas es a un bravucón *y* que un amigo se mude a otra parte. Una clase difícil *y* una enfermedad que te tenga sin ir a la escuela una semana. La pérdida de empleo de uno de tus padres *y* un divorcio. Podemos arreglárnosla con un desafío... pero ¿dos o tres a la vez? ¿Una ola tras otra? Es como si fueran vientos impetuosos seguidos de tempestades. Eso basta para hacerte pensar: *¿Sobreviviré?*

Nuestro amigo Pablo nos ofreció una respuesta a esta pregunta en Filipenses 4:7: «Y la paz de Dios, que sobrepasa todo entendimiento, guardará sus corazones y sus mentes en Cristo Jesús».

Al hacer nuestra parte (estar gozosos, ser amables y gentiles, orar por todo y practicar la gratitud), Dios hace la suya. Nos da su paz.

¿Qué te viene a la mente cuando escuchas la palabra *paz*? ¿La has sentido antes? La paz es un sentimiento de calma. Quizá hayas sentido paz cuando sales a caminar, o cuando miras hacia el cielo lleno de estrellas, o cuando estás leyendo un libro. La paz nos ralentiza. Nos ayuda a respirar más profundamente. La paz es la sensación de que todo estará bien.

Observa que Pablo dijo que obtenemos la paz *de* Dios, no que le quitamos la paz *a* Dios.

Dios descarga la paz de su trono hacia el mundo. Deberíamos preocuparnos, pero no lo hacemos. Deberíamos estar molestos, pero somos consolados. La paz de Dios va más allá de nuestra comprensión y de los hechos de nuestras circunstancias.

¿Alguna vez has sentido paz cuando no deberías haberla sentido? Quizá estabas muy nervioso por algo. Luego oraste al respecto y, de pronto, te sentiste mejor. Aquello por lo que estabas nervioso no desapareció, pero te sentiste mejor en medio de la situación. Sentiste paz.

Esa es la paz de Dios.

Jesús lo dijo de esta manera en Juan 14:27: «La paz les dejo, Mi paz les doy; no se la doy a ustedes como el mundo la da. No se turbe su corazón ni tenga miedo».

Una verdadera tormenta perfecta

Pablo dijo que esa paz guardará nuestros corazones y mentes en Cristo Jesús. La versión Reina Valera 1960 de Filipenses 4:7 dice que esa paz *guardará* nuestros corazones y nuestros pensamientos. Dios protege nuestros corazones y nuestras mentes cuando creemos en Él.

Pablo creyó que Dios lo protegía y tenía evidencia.

Pablo salía, a menudo, a largos viajes para extender el evangelio. Durante una de esas travesías, navegó en un barco por el mar Mediterráneo. (Puedes leer la historia completa en Hechos 27:1-12). Ese barco era grande, macizo y fuerte, pero no estaba construido para navegar por grandes olas y vientos. Pablo les advirtió a los marineros que no debían ir por la ruta que ellos querían tomar. Era invierno y Pablo sabía que ese camino, en particular, estaba realmente frío y nublado durante esa estación. El aire frío haría que las olas y el viento fueran extrafuertes. Y los cielos nublados les dificultarían ver.

Aun así, los marineros tomaron esa ruta.

Y pronto llegó un gran viento. Descendió la temperatura. Azotaron las velas. Se espumaron las olas. Los marineros buscaban tierra pero no podían verla. Miraron la tormenta y no pudieron evitarla.

Se estaban uniendo las piezas de la tormenta perfecta:

1. Un mar invernal
2. Un viento atroz
3. Un barco tambaleante
4. Una tripulación impaciente

De manera individual, esos elementos eran controlables. Pero juntos eran aterradores.

¡La tormenta duró catorce días (v. 27)! Catorce horas te sacudirían. (¡Catorce minutos me sacudirían a mí!). Pero ¿dos semanas de días sin sol y noches sin estrellas? Catorce días de rebotar, de remontarse hacia el cielo y hundirse hacia el mar. El océano retumbó, salpicó y resonó. Los marineros perdieron todo el apetito. Perdieron toda razón para esperar. Se rindieron. Y cuando se rindieron, Pablo levantó la voz.

Amigos, debían haberme hecho caso y no haber salido de Creta, evitando así este perjuicio y pérdida. Pero ahora los exhorto a tener buen ánimo, porque no habrá pérdida de vida entre ustedes, sino solo del barco. Porque esta noche estuvo en mi presencia un ángel del Dios de quien soy y a quien sirvo, diciendo: "No temas, Pablo; has de comparecer ante César; pero ahora, Dios te ha concedido todos los que navegan contigo". Por tanto, tengan buen ánimo amigos, porque yo confío en Dios, que acontecerá exactamente como se me dijo.

—Hechos 27:21-25

Pablo no era marinero ni capitán, pero los marineros lo escucharon. ¿Por qué? Pablo les dio una razón para tener esperanza.

Quizá tú necesites las palabras de Pablo hoy, en cualquier tormenta por la que estés pasando: *ten buen ánimo... no temas... confía en Dios*. Estas palabras pueden traernos paz durante nuestras tormentas perfectas.

«Debiste haber hecho caso»

Pablo les dijo a los marineros: «Debían haberme hecho caso» (v. 21). Si lo hubieran hecho, no habrían entrado en una tormenta tan alocada.

Eso puede suceder de igual manera con las instrucciones de Dios. Cuando no escuchamos a Dios, podemos encontrarnos en un desastre.

Quizá te estés preguntando: *¿Cómo sé lo que Dios me está diciendo?*

Dios, normalmente, no nos grita desde el cielo. Al menos esa no ha sido mi experiencia. Pero sí nos habla. Él nos habla a través de su Palabra, de la oración o de otras personas.

Maneras de sentir CALMA

Respira

Cuando te sientas ansioso, respira lenta y profundamente cinco veces.

Ejercítate

Mover tu cuerpo produce un químico en tu cerebro que te hace sentir feliz.

Habla

Dile a alguien cómo te sientes. Comparte tus preocupaciones con algún amigo, maestro, pastor o terapeuta.

Come saludablemente

Tu mente funciona mejor cuando tu cuerpo está alimentado de cosas buenas.

Ora

Dile a Dios cómo te estás sintiendo y pídele ayuda. Confía en que Él se ocupará de tu preocupación.

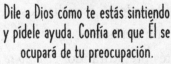

Escribe

Pon en palabras tus preocupaciones y parecerán más pequeñas.

Descansa

Tu mente necesita descansar tanto como tu cuerpo. Duerme lo suficiente y pasa tiempo haciendo cosas que te hagan sentir calma, tales como dibujar, leer o jugar con una mascota.

La Palabra de Dios: la Biblia nos dice lo que Dios piensa acerca de muchas cosas diferentes, tal como la manera en que debemos tratar y amar a los demás.

La oración: Dios puede hablarnos cuando oramos. Es probable que no suene como una voz real, pero podría ser una sensación en tu corazón o un pensamiento que no viene de ti.

Los demás: en ocasiones otras personas nos dan un buen consejo o palabras cariñosas. Dios utiliza a los demás para decirnos cosas que Él desea que nosotros escuchemos.

Cuando no escuchamos a Dios a través de la Biblia, de la oración o de la gente en quien confiamos, podemos meternos en problemas innecesarios.

Por ejemplo, quizá en la iglesia aprendiste que debes respetar a tus padres. Tú sabes que eso es algo importante, pero no siempre lo haces. El otro día, tu mamá te dijo que guardaras tu teléfono durante la cena cuando estabas enviándole un mensaje a un amigo. Pero continuaste haciéndolo.

Debido a que desobedeciste, tu mamá te retiró el teléfono durante el resto de la noche.

Si hubieras respetado a tu mamá en primer lugar, podrías haber revisado tu teléfono después de la cena. Ahora no puedes revisarlo hasta mañana por la mañana y estás preocupado por lo que te perderás.

Si alguna vez has hecho algo así, no te preocupes. Eso no significa que seas una mala persona o un mal cristiano. Toma un momento para recordar lo que Dios te dijo en primer lugar. Y recuerda que Él continúa amándote tanto como siempre. Él te dará una segunda oportunidad. De hecho, con Dios tenemos más que segundas oportunidades. ¡Tenemos terceras, cuartas, quintas y cientos de oportunidades!

Vino un ángel

Pablo amonestó a los marineros por ignorar su buen consejo. Pero también les dio dos promesas.

La primera promesa fue que el cielo envía ángeles para ayudarnos.

Pablo les dijo a los marineros: «Porque esta noche estuvo en mi presencia un ángel del Dios» (Hechos 27:23). En la cubierta de un barco que naufragaba bajo una atroz tormenta, Pablo recibió a un visitante del cielo. Vino un ángel y se paró junto a él.

Los ángeles continúan visitándonos para ayudarnos.

Un domingo, después de mi predicación, una mujer que era miembro de la iglesia se acercó y me dijo:

—Vi a tu ángel.

—¿Lo viste? —le pregunté.

—Sí, estaba cerca de ti mientras predicabas.

Me siento tranquilo al pensar en eso, y lo creo, debido a que varios pasajes de la Escritura hablan acerca de los ángeles. Hebreos 1:14 dice: «Por lo tanto, los ángeles solo son sirvientes, espíritus enviados para cuidar a quienes heredarán la salvación» (NTV).

En la Biblia hay muchas historias de ángeles que visitaron a la gente. En Daniel 10:4-14, un ángel le dio un mensaje a Daniel acerca del futuro. Y otro ángel protegió a Sadrac, Mesac y Abed Nego del fuego, en Daniel 3:16-28. En Lucas 1:26-38, un ángel le dijo a María que sería madre del Hijo de Dios. Un ángel también visitó a José, el papá terrenal de Jesús, en Mateo 1:18-25. Y otro ángel estuvo con Pedro en la prisión, en Hechos 12:3-19:

Salmos 91:11 dice: «Pues [Dios] dará órdenes a Sus ángeles acerca de ti, para que te guarden en todos tus caminos».

Si Dios envió a sus ángeles con la gente de la Biblia, podemos estar seguros de que todavía nos los está enviando a nosotros hoy. Ellos nos protegen y están con nosotros, incluso en nuestras tormentas.

Tú le perteneces a Dios

La segunda promesa que podemos encontrar en la historia de la tormenta de Pablo es que el cielo tiene un lugar para nosotros.

Ayer Oliver publicó un video de su gato, Murray. La gente, por lo general, escribe comentarios lindos o graciosos en los videos de Murray. Pero esta vez, un chico de la escuela se burló de Oliver por ser el «chico de los gatos». Oliver quería responderle algo malo, pero recordó una cosa que Jesús dijo en la Biblia: «Ustedes han oído que se dijo: "Ojo por ojo y diente por diente". Pero Yo les digo: no resistan al que es malo; antes bien, a cualquiera que te abofetee en la mejilla derecha, vuélvele también la otra» (Mateo 5:38-39).

Oliver supo que eso quería decir que se supone que los cristianos no deben vengarse de la gente. Estaba a punto de apagar la computadora, pero luego vio que otras personas le dieron su aprobación con un me gusta al comentario del chico. Oliver se enfadó tanto, que después de todo, terminó escribiendo una respuesta mala. El otro chico y él continuaron respondiéndose cosas. Oliver se fue a dormir esa noche sintiéndose avergonzado por las cosas malas que le dijo al bravucón. Además, se sintió avergonzado por las cosas malas que el bravucón le dijo a él.

¿Alguna vez has sabido que no debiste haber dicho o hecho algo, pero lo hiciste de todas formas? ¿Cómo te hizo sentir eso? ¿Qué debió haber hecho Oliver en esa situación?

Pablo lo sabía. Por eso dijo: «Porque esta noche estuvo en mi presencia un ángel del Dios de quien soy y a quien sirvo» (Hechos 27:23).

Cuando los chicos se van al campamento de verano, los padres tienen que firmar una planilla en la que se menciona a la persona que es responsable del niño. Si te quiebras una pierna o te enfermas, el campamento necesita saber a quién llamar para que se ocupe de ti. ¡Espero que tu mamá o tu papá firmen con su nombre ese formulario!

Dios ha firmado con su nombre por ti.

Cuando le entregaste tu vida, Él se hizo responsable de ti. Por eso se asegurará de que siempre llegues a casa a salvo, porque eres de Él.

Tú eres su oveja; Él es tu pastor. Jesús dijo: «Yo soy el buen pastor, y conozco Mis ovejas y ellas me conocen» (Juan 10:14).

Tú eres su hijo; Él es tu Padre. «Por tanto, ya no eres siervo, sino hijo; y si hijo, también heredero por medio de Dios» (Gálatas 4:7).

Así que puedes tener paz en medio de la tormenta, porque no estás solo. Le perteneces a Dios. Dios no te ha prometido una vida sin tormentas. Lo que sí te ha prometido es que estará contigo cuando las enfrentes.

Dios pelea por ti

Un rey llamado Josafat, del Antiguo Testamento, confió en que Dios estaría con él cuando sus enemigos se reunieran para una guerra.

Los moabitas eran una nación muy poderosa, ubicada en las cercanías de Israel. Ellos reunieron un grupo de naciones para pelear contra los israelitas. Esa fue una versión militar de una tormenta perfecta. Israel podía ocuparse de un ejército a la vez, pero no de todos los ejércitos a un mismo tiempo.

No obstante, Josafat supo qué hacer. Él no agregó hombres a su ejército ni construyó más armas. Simplemente acudió a Dios. Josafat oró: «Porque no tenemos fuerza [...] no sabemos qué hacer; pero nuestros ojos están vueltos hacia Ti» (2 Crónicas 20:12).

Dios le respondió con este mensaje: «No teman, ni se acobarden delante de esta gran multitud, porque la batalla no es de ustedes, sino de Dios» (v. 15).

Josafat creía en Dios con tal ahínco que decidió marchar a la batalla con los cantores dirigiendo al ejército. Esos cantores entonaron canciones de adoración a Dios. Josafat sabía que la verdadera batalla era espiritual, de manera que comenzó con adoración.

Ya cuando los israelitas habían llegado al campo de batalla, la guerra había terminado. Los enemigos se habían atacado entre sí (vv. 21-24).

Aprende una lección del rey Josafat. Comienza con adoración. Primero acude al Padre en oración y adoración. Confiésale tus temores. Reúnete con su pueblo. Espera ver al Dios poderoso pelear por ti. Él está cerca, tan cerca como tu siguiente respiro.

Jesús te sostendrá

Un chico llamado Noah Drew tenía solo dos años cuando aprendió que Dios está cerca. La familia Drew estaba realizando un viaje corto desde su casa a la piscina del vecindario. Leigh Anna, la mamá de Noah, no se dio cuenta de que las portezuelas del automóvil no tenían el seguro puesto. Así que mientras Leigh Anna estaba conduciendo, Noah abrió la portezuela y se cayó.

Leigh Anna sintió un bulto, como si hubiera pasado por un reductor de velocidad, y detuvo el coche. Su esposo, Ben, salió corriendo y encontró a Noah tendido en la calle. No había sido un reductor de velocidad. Había atropellado a Noah.

«¡Está vivo!», gritó Ben. Las piernas de Noah estaban cubiertas de sangre y estaba temblando. Leigh Anna se apresuró a colocarse en el asiento de pasajero y sostuvo a Noah en su regazo mientras Ben conducía hacia el hospital.

¡Después de aplicarle los rayos X, los médicos dijeron que Noah no tenía ningún hueso roto! Un vehículo de dos mil kilogramos había pasado por encima de sus piernas, pero el pequeño Noah no tenía nada más que cortadas y moretones. Eso fue un milagro.

Más tarde esa noche, Leigh Anna se puso de rodillas y le agradeció a Jesús por haber salvado a su hijo. Se recostó junto a Noah. Pensaba que estaba dormido. Pero cuando se recostó a su lado en la oscuridad, él le dijo:

—Mamá, Jesús me sostuvo en sus brazos.

—¿En serio? —le contestó ella.

—Yo le dije: «Gracias, Jesús» —le respondió Noah— y Él me dijo: «Es todo un placer».

Al día siguiente, Noah le dijo: «Mamá, Jesús tiene manos oscuras. Te cuento cómo me sostuvo». Él extendió los brazos e hizo un círculo con sus pequeñas manos. Al día siguiente le dijo que Jesús tenía cabello castaño. Cuando ella le pidió más información, él le dijo: «Eso es todo». Pero esa noche al hacer sus oraciones, él dijo: «Gracias, Jesús, por sostenerme».

Las tormentas perfectas afectan a todas las personas. Con fieros vientos. Con oleadas estruendosas. Así vienen. Pero Jesús continúa sosteniendo a sus hijos. Él sigue extendiendo sus brazos. Continúa enviando a sus ángeles. Debido a que le perteneces, tú puedes tener paz en medio de la tormenta. El mismo Jesús que le envió el ángel a Pablo, te envía este mensaje a ti: «Cuando pases por las aguas, Yo estaré contigo» (Isaías 43:2).

Quizá estés enfrentando la tormenta perfecta. Pero Jesús ofrece la paz perfecta.

Analiza tu cerebro y tu corazón

1. ¿Alguna vez te has encontrado en una mala situación, debido a que no escuchaste a Dios? ¿Qué sucedió? ¿Cuáles fueron las instrucciones de Dios?

2. Revisa las «Maneras de sentir calma» mostradas en este capítulo. Escoge una herramienta para utilizar esta semana.

3. ¿Tienes una tormenta, en este momento, en la que necesites la ayuda de Dios? Platícaselo y dile exactamente lo que necesitas. Luego, agradécele por estar contigo en medio de tu problema.

Piensa en cosas buenas

**Si hay virtud alguna, si algo digno de
alabanza, en esto pensad.**
—Filipenses 4:8, RVR1960

CAPÍTULO NUEVE

Medita en lo que piensas

Cuando Rebecca Taylor tenía trece años de edad, ya había experimentado más de cincuenta y cinco cirugías. Había pasado unos mil días en el hospital. Rebecca tiene una enfermedad llamada pancreatitis, que ha provocado que se sienta mal la mayor parte de su vida.

Christyn, la mamá de Rebecca, tiene un blog acerca de su hija Rebecca y su salud, con el fin de mantener a todos sus amigos y familiares al corriente de la situación. En una de sus publicaciones, ella escribió que los médicos de Rebecca le dijeron que —debido a su enfermedad— ella podría tener algo que se llama apoplejía hemorrágica, que es cuando tu cerebro comienza a sangrar. Si Rebecca tuviera una de esas apoplejías, podría enfermarse todavía más.

Esas palabras, *apoplejía hemorrágica*, asustaron demasiado a Christyn, pero logró encontrar la paz en medio de la tormenta. Lee lo que escribió en esta publicación de su blog:

El nuevo campo minado de la semana pasada fue la frase «posible apoplejía hemorrágica», una frase que escuché docenas de veces en boca de numerosos médicos. Una y otra y otra vez, esa frase llenó mi mente y consumió mis pensamientos. Yo estaba emocionalmente lisiada.

El domingo pasado, nuestro predicador (Max Lucado) comenzó una serie muy apropiada acerca de la ansiedad. Repasó el conocido versículo de Filipenses 4:6: «Por nada estén afanosos; antes bien, en todo, mediante oración y súplica con acción de gracias, sean dadas a conocer sus peticiones delante de Dios».

Yo le presenté al Señor mis peticiones, como lo había hecho muchas veces antes, pero esta vez, ESTA vez, necesitaba más. Y así, usando como guía Filipenses 4:8-9, encontré mi respuesta:

«Por lo demás, hermanos, todo lo que es verdadero». ¿Qué era lo verdadero en mi vida en ese momento en particular? *La bendición de toda mi familia cenando juntos.*

«Todo lo digno». La bendición de disfrutar la presencia mutua fuera de un cuarto de hospital.

«Todo lo justo». La bendición de experimentar la vida diaria de mis dos hijos.

«Todo lo puro». La bendición de que mis tres hijos estén riéndose y jugando juntos.

«Todo lo amable». La bendición de mirar a Rebecca dormir con paz en su cama por la noche.

«Todo lo honorable». La bendición de un equipo honorable que trabaja incansablemente para el cuidado de Rebecca.

«Si hay alguna virtud». La bendición de mirar el desarrollo de un milagro.

«O algo que merece elogio». La bendición de adorar a un Señor digno de ser alabado.

«En esto mediten».

Yo lo hice. Mientras meditaba en estas cosas, evité que la temible frase «apoplejía hemorrágica» succionara el gozo de mi vida... Y cuando me fijé en las abundantes bendiciones de mi vida EN ESE MISMO MOMENTO, «la paz de Dios, que sobrepasa todo entendimiento», SÍ guardó mi corazón y mis pensamientos en Cristo Jesús. Un verdadero e inesperado milagro. Gracias, Señor.

¿Viste lo que hizo Christyn? Las palabras *apoplejía hemorrágica* se posaron sobre su vida como una nube negra. Sin embargo, ella evitó que esa terrible frase le robara el gozo de su vida, al seguir la predicación de Pablo en Filipenses 4: «Todo lo que es verdadero, todo lo digno, todo lo justo, todo lo puro, todo lo amable, todo lo honorable, si hay alguna virtud o algo que merece elogio, en esto mediten».

Meditar significa pensar en algo con toda tu atención. De forma que Pablo nos estaba diciendo que nos enfocáramos completamente en las cosas buenas. No le des atención —en absoluto— a los contratiempos, las batallas ni las decepciones. Porque la manera en que pensamos afecta el modo en que nos sentimos y en que actuamos.

La mamá de Rebecca pudo dominar su temor al controlar sus pensamientos. Se enfocó en lo positivo más que en lo negativo. Ella escogió en qué pensar. ¡Tú también puedes hacerlo!

ELIGE PENSAMIENTOS FELICES

1. Escribe en un diario de agradecimiento.
2. Memoriza versículos bíblicos.
3. Canta o escucha canciones de adoración.
4. Dedica tiempo a animar a la gente.
5. Escribe comentarios positivos en las publicaciones de las redes sociales de tus amigos.
6. Dile «gracias» a alguien.
7. Da una caminata por la naturaleza.

8. Hazle un favor a alguien.
9. Dile a alguien lo que significa para ti.
10. Date un cumplido.

El control de tráfico aéreo

Tú no elegiste tu lugar ni tu fecha de nacimiento. No escogiste a tus papás ni a tus hermanos. No determinas el clima ni la cantidad de sal que hay en el mar. Hay muchas cosas en la vida en cuanto a las que no tienes elección. Pero puedes tomar la mejor decisión de tu vida. Puedes escoger en qué piensas.

Tú puedes ser el controlador de tráfico aéreo del aeropuerto de tu mente. Tienes el control de la torre y puedes dirigir el tráfico de tu mundo. Tus pensamientos sobrevuelan la atmósfera, van y vienen. Si uno de ellos aterriza, se debe a que tú le diste permiso. Si se marcha, es porque tú lo dirigiste a marcharse. Tú puedes elegir tu patrón de pensamientos.

Proverbios 4:23 dice: «Con toda diligencia guarda tu corazón, porque de él brotan los manantiales de la vida». ¿Quieres sentirte feliz mañana? Entonces ten pensamientos felices hoy. ¿Quieres garantizar la miseria del mañana? Entonces

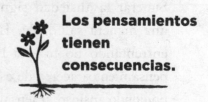

Los pensamientos tienen consecuencias.

permítete ahogarte en el lodo de la autocompasión, o la culpabilidad o la ansiedad hoy. Los pensamientos tienen consecuencias.

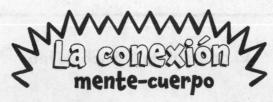

La conexión mente-cuerpo

La gente que tiene más pensamientos positivos vive más tiempo.

La gente que se ejercita con regularidad tiene más energía.

La gente que se ejercita, se siente triste, cabizbaja, ansiosa o deprimida con menos frecuencia.

Una actitud positiva fortalece tu cuerpo para pelear mejor contra la enfermedad.

La verdad triunfa

Superar la ansiedad significa comenzar a pensar de una manera saludable. La situación difícil que estás enfrentando no te está haciendo sentir ansioso. Tus pensamientos acerca de esa situación son lo que te está poniendo ansioso. ¡Piénsalo!

Satanás sabe esto de nosotros. La Biblia describe al diablo como «el padre de la mentira» (Juan 8:44). Él viene para matar, robar y destruir (Juan 10:10). Él es un espíritu maligno que nos tienta, nos hace sentir mal con nosotros mismos y nos dice mentiras. Dios es amor, pero el diablo es odio. El diablo es especialmente bueno para colocar pensamientos negativos o ansiosos en nuestra cabeza, y para convencernos de que esas mentiras son verdad.

No lo digo para asustarte. Necesitas estar consciente de que hay una fuerza del mal por ahí, de manera que te puedas proteger de ella. Recuerda: tú eres el controlador del tráfico aéreo de tu mente. Cuando sobrevuelen pensamientos del diablo, échalos fuera. E invita a que aterricen pensamientos nuevos, positivos y verdaderos.

Cuando comiences a tener pensamientos negativos, pelea con la clase de pensamientos que Pablo mencionó en Filipenses 4:8: pensamientos verdaderos, dignos, justos, puros, amables y respetables.

Ahora puedo ver

Cuando estaba en quinto grado, no sabía que necesitaba anteojos. Suponía que mis compañeros de clase veían lo mismo que yo cuando miraban al pizarrón: una mancha de líneas borrosas. Yo no les preguntaba si ellos podían ver la pelota de béisbol cuando dejaba la mano del lanzador o el balón de fútbol americano cuando el pateador la pateaba. Suponía que ellos veían la pelota cuando yo la veía: en el último minuto, con apenas poco tiempo para mover el bate o atrapar el balón.

Yo no veía bien. Pero no lo sabía. Yo no había conocido otra cosa.

VENCE LAS MENTIRAS
CON LA VERDAD DE DIOS

Cuando el diablo te diga...		Recuerda que Dios dice...
Nadie me amará jamás.	⟹	Dios me ama (Romanos 8:38-39).
Soy una persona terrible.	⟹	En Cristo, soy perdonado (Efesios 4:32).
No tengo amigos.	⟹	Tengo un amigo en Jesús (Juan 15:15).
Todos me odian.	⟹	No importa lo que los demás piensen de mí, yo puedo amarlos (Mateo 5:44).
Nunca podré con la escuela.	⟹	Todo lo puedo en Cristo que me fortalece (Filipenses 4:13).

Entonces mi maestra llamó a mi mamá. Mi mamá llamó al oculista. El oculista me pidió que leyera algunas letras en una gráfica. Lo siguiente que sucedió fue que me dieron un par de gafas. ¡Vaya cambio! De un momento al otro se aclararon las líneas borrosas. La pelota de béisbol se hizo grande. Y el balón de fútbol americano se volvió fácil de atrapar.

Todavía recuerdo la emoción de tener buena vista repentinamente. Yo podía sentarme en el salón de quinto grado, con la señora Collins, y levantar y bajar mis anteojos, cambiando de visión nublada a visión normal, de imágenes poco claras a rostros nítidos. De pronto podía ver.

Los cristianos también hablan acerca del gozo de una vista repentina. Nos encanta entonar el antiguo himno: «¡Sublime gracia del Señor que a un infeliz salvó! Fui ciego más hoy miro yo. Perdido y él me halló». Ciego. Incapaz de ver el amor de Dios. Incapaz de ver la verdad de la salvación en Jesús. Pero, luego, Jesús restaura nuestra vista.

La gente que no conoce a Jesús, simplemente no puede ver con claridad. «El dios de este mundo ha cegado el entendimiento de los incrédulos, para que no vean el resplandor del evangelio de la gloria de Cristo, que es la imagen de Dios» (2 Corintios 4:4). Necesitamos un oculista espiritual. Necesitamos que Jesús haga con nosotros lo que hizo por el hombre que estaba al lado del camino de Jerusalén.

Emma estaba mirando las redes sociales, mientras su papá conducía para llevarla a la escuela por la mañana. Vio una publicación acerca de la fiesta de cumpleaños de su amiga el siguiente fin de semana. Emma no sabía que su amiga tendría una fiesta de cumpleaños. No había sido invitada. Mientras su papá manejaba hacia la escuela, su enfado aumentaba cada vez más. Tenía pensamientos como:

Mi amiga ya no me quiere.
Apuesto a que invitó a todo mundo menos a mí.
Ninguno de mis amigos me quiere.
Nunca me invitan a nada.
Estaré sola todo el fin de semana.

Cuando Emma descendió del vehículo de su papá, su amiga se acercó a ella corriendo.

—¡Emma! —le dijo— ¿Por qué todavía no has respondido mi mensaje directo?

—¿Qué mensaje directo? —le preguntó Emma.

—Lo envié esta mañana. Acerca de mi fiesta. ¿Puedes venir?

Emma revisó sus mensajes directos. Ahí se encontraba una invitación a la fiesta de cumpleaños de su amiga. Emma no había visto el mensaje porque estaba muy preocupada después de ver la publicación de su amiga y pensando que no estaba invitada.

¿Qué pudo haber hecho Emma después de haber visto la publicación? ¿Qué pensamientos verdaderos y positivos pudieron haber reemplazado los pensamientos negativos?

Mientras Jesús caminaba, vio a un hombre que había nacido ciego (Juan 9:1). Nadie más lo vio. Los seguidores de Jesús pudieron haber observado al hombre ciego. Pero no lo *vieron*.

Los discípulos solamente vieron un rompecabezas espiritual. Los seguidores de Jesús le preguntaron: «Rabí, ¿quién pecó, este o sus padres, para que naciera ciego?» (v. 2). Ellos no vieron al ser humano; vieron un tema de discusión.

Jesús, por el contrario, vio a un hombre que era ciego de nacimiento, un hombre que nunca había visto un amanecer, que no podía distinguir el color morado del rosado. Un hombre que vivía en un mundo oscuro.

Jesús lo *vio*. En Juan 9:3-7, Él respondió:

Ni este pecó, ni sus padres; sino que está ciego para que las obras de Dios se manifiesten en él. Nosotros debemos hacer las obras del que me envió mientras es de día; la noche viene cuando nadie puede trabajar. Mientras estoy en el mundo, Yo soy la Luz del mundo.

Habiendo dicho esto, escupió en tierra, e hizo barro con la saliva y le untó el barro en los ojos al ciego, y le dijo: «Ve y lávate en el estanque de Siloé» (que quiere decir Enviado). El ciego fue, pues, y se lavó y regresó viendo.

Nada ha cambiado. Jesús todavía encuentra a la gente ciega y les restaura la vista. Él prometió que, a través de su ministerio, daría «recuperación de la vista a los ciegos» (Lucas 4:18). Él vino a dar luz y vista.

Jesús quiere ayudarte a ver con claridad. Nuestra propia perspectiva, especialmente cuando estamos ansiosos, no siempre es la verdadera. Jesús puede ayudarte a ver por ti mismo qué eres en realidad: su hijo amado. Él te ayuda a ver que eres perdonado cuando te sientes ansioso por un error que cometiste. Él te ayuda a ver la belleza en medio de un mal día. Cuando Jesús nos ayuda a ver, comenzamos a observar las cosas en una manera nueva.

¿Recuerdas a nuestra amiga Rebecca? Justo antes de cumplir trece años, regresó a visitar a su médico. Siete meses antes, Rebecca apenas estaba sobreviviendo. Ahora, estaba llena de vida. Había aumentado trece kilos. Su salud estaba mejorando. Sus médicos la llamaron «un milagro andante».

Su mamá, Christyn, escribió en su blog: «Yo veía estas interacciones con una silenciosa sensación de asombro. Es fácil alabar a Dios en las temporadas de bienestar. Pero fue en mi mayor aflicción que sentí que la presencia del Señor se derramó sobre mí. Y fue en aquellos momentos desgarradores que aprendí a confiar en este Dios que proveyó una fuerza inimaginable, durante el dolor inimaginable».

Guarda tus pensamientos y confía en tu Padre.

Dios te ayudará a ti también. Guarda tus pensamientos y confía en tu Padre.

Analiza tu cerebro y tu corazón

1. Escribe los pensamientos que tuviste ayer. ¿Qué pensaste acerca de ti mismo? ¿Cómo te sentiste acerca de los demás? ¿Cómo te sentiste en cuanto a lo que te sucedió durante el día?

2. ¿Qué clase de pensamientos son esos? Clasifica cada uno como verdad o mentira y como positivo o negativo.

3. Revisa cada pensamiento falso o negativo
de tu lista. Reemplázalo con algo
verdadero, honorable, justo, puro, amable
o respetable.

CAPÍTULO DIEZ

Aférrate a Cristo

¿Estás tratando de seguir a Dios pero parece que es una *lucha*? Tantas cosas que hacer. Tantas cosas que *no* hacer. Te preocupa equivocarte, pero a veces estás cansado de esforzarte *tanto*.

La respuesta tiene que ver con las uvas.

Sí, las uvas. Quédate conmigo y verás a qué me refiero.

Había un agricultor que tenía un viñedo. Un día se dio cuenta de que las vides no estaban creciendo. Las hojas languidecían. Las parras se arrastraban.

El agricultor fue a su viña para ver qué estaba pasando. Colocó un banco entre las hileras, se quitó el sombrero y les preguntó: «Bueno, chicas, ¿por qué la tristeza?».

Al principio ninguna de las ramas habló. Al fin, una de ellas se abrió: «¡Yo ya no aguanto más! —dijo

137

abruptamente—. Yo aprieto y empujo, pero las uvas no salen».

Las hojas brincaron cuando las demás ramas asintieron. «Yo ni siquiera puedo hacer que salga una pasa», confesó una.

—Yo estoy muy cansada —respondió una más.

El agricultor meneó la cabeza y suspiró.

—No es de sorprenderse que estén tristes. Están intentando hacer lo que no pueden hacer. Y están olvidando para qué fueron hechas. Dejen de intentar forzar el fruto. Su trabajo es sostenerse de la vid. ¡Aférrense! Se sorprenderán de lo que producirán.

¿Suena ridículo? Sabemos que los cultivos no pueden hablarles a los agricultores, pero si no te exasperas mucho con esta historia tonta, aprenderás algo importante para vencer la ansiedad. Mira, la conversación del agricultor con sus plantas es similar a la que Dios quiere tener con nosotros.

No, Dios no quiere conversar acerca de uvas. Lo que quiere es hablar acerca del fruto. El fruto espiritual.

El fruto espiritual es lo bueno que crece de nosotros cuando Jesús está en nuestro corazón, cosas como amor, gozo, paz, paciencia, benignidad, bondad, fe, mansedumbre y dominio propio (Gálatas 5:22-23).

Podemos intentar ser pacíficos. Podemos intentar ser pacientes. Podemos intentar ser amables, y buenos, y fieles, y bondadosos y tener dominio propio. Pero a veces es difícil, ¿no es así?

Quizá te sentiste así cuando intentaste meditar en cosas buenas. Todo el día trataste de pensar acerca de lo bueno, lo verdadero, lo honorable y lo respetable. Pero te diste cuenta de que tu mente divagaba. Pensaste cosas negativas acerca de ti mismo y de los demás. Imaginaste los peores casos posibles. Perdiste de vista la verdad que conoces de la Escritura.

No tenemos que hacer un esfuerzo tan grande.

Cuando intentamos ser buenos, es fácil sentir que hemos fracasado. Porque, por nuestro propio esfuerzo, es muy difícil ser buenos.

¡Pero te tengo buenas noticias!

No tenemos que hacer un esfuerzo tan grande.

Piensa en las ramas y el agricultor. Ellas se estaban presionando mucho para hacer un trabajo que no les correspondía. Su trabajo no era producir uvas. Su trabajo era sencillo: aferrarse a la vid. Luego vendría el fruto.

Nuestra vid

Lo mismo sucede con nosotros y nuestro fruto espiritual. No es nuestro trabajo hacernos más espirituales. Solamente tenemos que aferrarnos a Jesús.

Jesús lo explicó en Juan 15:4-10:

Permanezcan en Mí, y Yo en ustedes. Como el sarmiento no puede dar fruto por sí mismo si no permanece en la vid, así tampoco ustedes si no permanecen en Mí. Yo soy la vid, ustedes los sarmientos; el que permanece en Mí y Yo en él, ese da mucho fruto, porque separados de Mí nada pueden hacer. Si alguien no permanece en Mí, es echado fuera como un sarmiento y se seca; y los recogen, los echan al fuego y se queman.

Si permanecen en Mí, y Mis palabras permanecen en ustedes, pidan lo que quieran y les será hecho. En esto es glorificado Mi Padre, en que den mucho fruto, y así prueben que son Mis discípulos. Como el Padre me ha amado, así también Yo los he amado; permanezcan en Mi amor. Si guardan Mis mandamientos, permanecerán en Mi amor, así como Yo he guardado los mandamientos de Mi Padre y permanezco en Su amor.

En este pasaje, Jesús hizo tres comparaciones:

Dios es como un agricultor. Al agricultor le encanta hacer crecer las vides. Las riega, les proporciona una tierra rica y corta cualquier hierba mala que se esté interponiendo en el camino. Su objetivo es hacer lo que pueda para producir tantas uvas como sea posible.

Para nosotros eso significa que Dios nos cuida. Él nos da lo que necesitamos para crecer: amor, un fundamento sólido, gracia y perdón.

Jesús es como una vid. La vid está arraigada en la tierra. Las ramas crecen a partir de la vid, pero la vid es más firme que sus ramas. Es una raíz fuerte a la que se aferran las ramas. La vid lleva nutrientes de la tierra a las ramas.

Para nosotros, eso significa que Jesús nos mantiene en nuestro lugar. Él nos tiene a salvo y seguros. Él nos da los nutrientes que necesitamos para sentirnos con paz, ser mansos y pensar en cosas buenas.

Nosotros somos como ramas. Solamente podemos crecer cuando estamos firmemente pegados a la vid: Jesús. Él nos da todo lo que necesitamos, de modo que no tenemos que producirlo nosotros. Lo único que tenemos que hacer es aferrarnos fuertemente a Él. Nos asimos de Jesús al recordar lo que Él es, orar a Él, adorarlo y leer sus palabras en la Escritura. Cuando hacemos eso, producimos el fruto del amor, el gozo, la paz, la paciencia, la bondad, la mansedumbre, la fe, la benignidad y el dominio propio.

La Escritura dice que, cuando permanecemos en Jesús, damos gloria a Dios (Juan 15:8). Esto se debe a que, cuando somos pacíficos, los demás lo notan. Cuando somos amables, los demás lo ven. Cuando somos bondadosos, los demás son bendecidos. Ellos se preguntan cómo es que podemos tener tanto fruto espiritual en nuestra vida. Y nosotros les decimos: «No soy yo. Es Jesús. Yo simplemente permanezco en Él».

Es por eso que a Dios le interesa nuestro fruto y a ti también te debe importar. Si no quieres estar ansioso por nada, esa es la manera de hacerlo. No haciendo más esfuerzo, sino sosteniéndote más fuertemente de Jesús. Nuestra tarea no es hacer el fruto, sino ser fieles.

Nuestra casa

Otra traducción de Juan 15:4-10 utiliza la palabra *morar*, en lugar de *permanecer*. *Morar* significa vivir. Donde moras es donde vives. Subraya esta palabra cuando la veas en el pasaje:

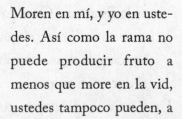

Nuestra tarea no es hacer el fruto, sino ser fieles.

Moren en mí, y yo en ustedes. Así como la rama no puede producir fruto a menos que more en la vid, ustedes tampoco pueden, a menos que moren en mí [...] El que mora en mí y yo en él, dará mucho fruto [...] Si alguien no mora en mí es echado como una rama y se seca [...] Si moran

Maneras de aferrarte a "Jesús"

Lee la Biblia.

Entona canciones de adoración.

Escribe una oración o un diario de agradecimiento.

Da un paseo y observa las cosas que Dios hizo.

Haz una lista de preguntas para Jesús. Busca las respuestas en tu Biblia o pídele ayuda a un adulto.

Ora con otras personas.

Pídele perdón a Dios.

Memoriza un versículo.

Dibuja, pinta o haz una manualidad para Jesús.

en mí, y mis palabras moran en ustedes, pidan lo que deseen y les será hecho [...] Moren en mi amor [...] Moren en mi amor; tal como yo he guardado los mandamientos de mi Padre y moro en su amor (traducción libre de la versión NASB en inglés).

«¡Ven, vive en mí! —invita Jesús—. Haz de mi hogar el tuyo».

El hogar es seguro. Ahí puedes escapar de los bravucones y de las clases difíciles. El hogar es cómodo. Ahí es donde puedes ser tú mismo. Puedes ponerte tus pijamas, escuchar tu música favorita y calmarte. El hogar es familiar. Sabes dónde se encuentra todo; tu hogar es tu espacio.

Jesús quiere que hagamos nuestro hogar en Él. Él es nuestro lugar seguro. Estamos cómodos en su presencia y libres para ser nosotros mismos. Él sabe cómo llegar a nuestro corazón. Nosotros podemos descansar en Él. Su tejado de gracia nos protege de las tormentas de la culpabilidad. Sus muros de sabiduría nos mantienen seguros de la confusión y la ansiedad. Jesús es el hogar más seguro, cálido y cómodo que podemos tener.

Sujétate

Si moramos en Cristo, nunca lo soltamos, tal como la rama no suelta la vid. Nuestro trabajo principal es mantenernos aferrados a Cristo.

La mayoría de los días, Oliver despierta y se va a dormir mirando su teléfono. Lo primero que hace en la mañana es revisar sus mensajes de texto. Y lo último que hace por la noche es revisar sus mensajes directos.

Oliver quiere ser más paciente en las redes sociales, más amable y más comprensivo. No quiere discutir tanto con la gente. Pero, mientras más tiempo pasa en las redes sociales, menos paciente es y más crítico se vuelve.

Entonces, Oliver tomó una gran decisión. Iba a dejar de mirar las redes sociales antes de irse a dormir. En vez de eso, dedicaría esos minutos a leer la Biblia, a escuchar música de adoración o a escribir en su diario.

Al principio fue difícil. Cuando se recostaba en su cama para leer o escribir, escuchaba alertas que sonaban en su teléfono. Luego se quedaba absorto revisando los mensajes de texto o las redes sociales, por lo que se olvidaba de su Biblia y de su diario.

Después de algunos días, Oliver decidió que haría su mejor intento por dejar su teléfono fuera de su habitación durante la noche. De esa manera, no vería ni escucharía las notificaciones. Así sería más fácil quedarse leyendo, escribiendo o escuchando música antes de dormir.

¿Cómo crees que esa nueva rutina hizo sentir a Oliver? ¿Qué opinas de la idea de no mirar tu teléfono antes de ir a dormir y, en vez de eso, pasar tiempo con Dios?

Quizá escuches decir a algunos cristianos: «Vamos a hacer una diferencia para Cristo». O: «Llevaremos a la gente al Señor». O: «¡Cambiaremos al mundo!». Estas son cosas grandiosas que se dicen, pero solamente son posibles cuando hacemos nuestro primer trabajo: sujetarnos de Jesús, aferrarnos a la vid.

Cuando un padre lleva a su hijo de cuatro años por una calle llena de gente, lo agarra de la mano y le dice: «Aférrate a mí». No le dice: «Memoriza el mapa»; ni «Juégatela para esquivar el tráfico»; ni «Veamos si puedes encontrar el camino de vuelta a casa». El buen padre le da al niño una sola responsabilidad: «Sujétate de mi mano».

Dios hace lo mismo con nosotros. No te des una lista de lo que «deberías» y lo que «no deberías» hacer:

Debería ser más amable.
No debería preocuparme todo el tiempo.
No debería estar tan enfadado todo el tiempo.
Debería compartir más mi fe con mis amigos.

No te preocupes por todas las cosas que no deberías estar haciendo. Solo sujétate de la mano de Jesús y deja que Él se encargue del resto.

Un milagro en África

Un misionero llamado Kent Brantly se aferró a Jesús durante el momento más aterrador de su vida. Kent era un médico que trabajaba en un país de África llamado Liberia cuando estalló el virus del Ébola. El ébola es una enfermedad muy letal y se estaba extendiendo rápidamente donde vivía Kent. Miles de personas ya habían fallecido por eso. Si te enfermabas de ébola, tenías mayor probabilidad de morir que de vivir.

Kent estaba tratando a pacientes que padecían la enfermedad. Tenía que vestir un traje de cuerpo entero para protegerse, ya que podría contagiarse con solo tocar a uno de sus pacientes.

Un día, Ken comenzó a tener síntomas del virus del Ébola. Tenía fiebre y un dolor estomacal muy intenso. Sabía que era posible que tuviera el virus, de modo que se hizo una prueba. Luego esperó los resultados en casa. Su esposa e hijos estaban visitando a la familia en Estados Unidos, por lo que él estaba solo.

Mientras esperaba, se aferró a Jesús, leyendo la Escritura. Abrió su Biblia en el libro de Hebreos y comenzó a leer. Meditó en Hebreos 4:16: «Por tanto, acerquémonos con confianza al trono de la gracia para que recibamos misericordia, y hallemos gracia para la ayuda oportuna». La versión de la Biblia de Kent usaba la frase «confiadamente» para describir cómo debemos acercarnos al trono de Dios. Kent copió el versículo en su diario de oración y escribió la palabra «confiadamente» en cursiva.

Cerró su diario y comenzó a esperar. Los siguientes tres días fueron dolorosos por la enfermedad y por la espera. Luego, llegaron los resultados: tenía ébola.

Llamó a su esposa, Amber, que se encontraba en la casa de sus padres en Texas. Ella se dirigió rápidamente a la habitación para que pudieran hablar en privado. Kent le dijo: «Me dieron los resultados. Es positivo».

Ella comenzó a llorar. Solamente hablaron poco tiempo antes de que Kent se cansara y tuviera que colgar.

Amber salió y caminó por un campo hacia un gran mezquite. Se sentó en una de las ramas más bajas de este árbol. Quería orar pero no podía encontrar las palabras. Entonces comenzó a cantar un antiguo himno que memorizó cuando era pequeña. La letra era algo como lo que sigue:

Ni una sombra de duda tendré;
tu compasión y bondad nunca fallan,
y por los siglos el mismo serás.

La canción la hizo sentirse mejor, entonces comenzó a cantar otro himno que le encantaba:

Te necesito, sí, en mal o bien;
Conmigo a morar, oh, pronto, ven.
Señor, te necesito; sí, te necesito.
Bendíceme, oh Cristo; vendré a ti.

«Pensé que mi esposo moriría —escribió ella en un libro más adelante—. Me sentí dolida. Tenía miedo. Sin embargo, mediante esos himnos, pude conectarme con Dios en una manera significativa, cuando no podía encontrar en mí palabras para orar».

Kent pudo volar de Liberia a Atlanta, Georgia, para internarse en un hospital. Luego de algunos días, comenzó a sentirse mejor. Su historia apareció en las noticias. Todos sabían acerca de Kent. Sabían que podía morir. Y todos se gozaron cuando se mejoró y pudo salir del hospital.

Kent y Amber pudieron haber permitido que la ansiedad los controlara. En cambio, se aferraron a Jesús. Meditaron en la Escritura y en los himnos. Llenaron su mente de la verdad de Dios y Dios calmó su corazón.

Mira

Jesús está con nosotros, tal como estuvo con Kent y Amber. Él nos dijo en la Biblia: «Por eso les digo, no se preocupen por su vida, qué comerán o qué beberán; ni por su cuerpo, qué vestirán» (Mateo 6:25).

Luego nos mandó hacer una sola cosa: mirar. Nos dijo: «Miren las aves del cielo, que no siembran, ni siegan, ni recogen en graneros, y sin embargo, el Padre celestial las alimenta. ¿No son ustedes de mucho más valor que ellas? ¿Quién de ustedes, por ansioso que esté, puede añadir una hora al curso de su vida?» (vv. 26-27). Las aves dependen de Dios. Ellas confían en que Él les dará todo lo que necesitan.

Por último, Jesús nos dijo que miremos los lirios del campo. «Y por la ropa, ¿por qué se preocupan? Observen cómo crecen los lirios del campo; no trabajan, ni hilan. Pero les digo que ni Salomón en toda su gloria se vistió como uno de ellos» (vv. 28-29).

Si Dios cuida las aves y las flores, puedes estar seguro de que también cuida de ti. La próxima vez que te sientas preocupado, mira. Mira las aves. Mira las flores. Dios cuida de ellas. Él cuidará de ti.

CÓMO OBTENER AYUDA CON LA ANSIEDAD

Habla con tu consejero escolar o trabajador social.

Pregúntales a tus padres si pueden hacer una cita con un terapeuta.

Habla con tu pastor de jóvenes u otra
persona confiable de la iglesia.

Llama a esta línea de asistencia: 1-800-662-4357.
Un profesional capacitado escuchará cómo te estás
sintiendo y te ayudará a decidir cómo obtener ayuda.

Sé libre

Una amiga me dijo recientemente que conduce durante una hora y media todos los días para llegar al trabajo.

—¡Eso es terrible! —le expresé.

—No te sientas mal por mí —me dijo con una sonrisa—, utilizo ese trayecto para pensar en Dios.

Me dijo que ocupa la hora y media orando y oyendo sermones. Ella escucha libros enteros de la Biblia. Recita oraciones. Cuando llega al trabajo, ya está lista para el día.

—Convierto mi trayecto en mi capilla —me informó.

¿Puedes hacer eso? ¿Tienes un tiempo en el día en que podrías pasarlo con Dios? Quizá podrías dejar tu teléfono durante algunos minutos y abrir tu Biblia. Coloca tu alarma diez minutos más temprano por la mañana y pasa tiempo en oración antes de la escuela, o en lugar de mirar televisión por la noche, escucha una versión en audio de algún libro cristiano o un libro de la Biblia.

Jesús dijo: «Si ustedes permanecen en Mi palabra, verdaderamente son Mis discípulos; y conocerán la verdad, y la verdad los hará libres» (Juan 8:31-32). Cuando permanecemos en Jesús, que es la Verdad, y cuando nos aferramos a Él como las ramas se aferran a la vid, somos libres. Libres del temor. Y libres de la ansiedad.

Analiza tu cerebro y tu corazón

1. Piensa en todos los significados de la palabra *hogar*. Toma algunas fotos para hacer una colección fotográfica que comunique tu interpretación de *hogar*.

2. Escribe tu itinerario del día. Comienza cuando te despiertes. Incluye la escuela, las actividades, la tarea, los quehaceres y todo lo demás que hiciste. Ahora subraya o resalta las veces en que pasas tiempo con Jesús. ¿Necesitas hacer más espacio para que Jesús viva contigo? ¿En qué momento del día podrías apartar quince minutos para pasarlos con Él?

CAPÍTULO ONCE

C.A.L.MA

Es la noche previa a tu primer día en una escuela nueva. No puedes dormir. Revisas tu teléfono constantemente. Miras las redes sociales, esperando que te distraigan y no pienses más en mañana. Sin embargo, continúas viendo las publicaciones de tus amigos de la escuela anterior acerca de cuán emocionados están de regresar a ella.

Tú no estás emocionado. Estás nervioso. Estas nervioso por ser el chico nuevo. Te preocupa que el corte que tu mamá te hizo no luzca bien. Te preocupa que no hagas amigos, que no puedas encontrar tus salones de clase y que nadie se siente contigo en el almuerzo.

Apagas tu teléfono. No te está ayudando a sentirte mejor. Pero, cuando cierras los ojos, las preguntas continúan surgiendo. *¿Y si pierdo el autobús? ¿Y si me llevo la*

*ropa de gimnasio equivocada? ¿Y si todos piensan que soy
extraño? ¿Y si, y si, y si..?*

¿Qué significa todo ese temor y esa ansiedad?

Significa que eres humano.

Sentirte ansioso por una escuela nueva —o un año
nuevo, un nuevo equipo deportivo, un nuevo campamento de verano, ¡o lo que sea!— no significa que algo
ande mal contigo. No significa que debas controlar tu
vida y tranquilizarte. No significa que estés loco ni que
seas dramático. Sentirte ansioso significa una sola cosa:
eres humano. Y escucha esto: sentirte ansioso no significa que seas un mal cristiano.

Los cristianos sienten ansiedad, tal como todos los
demás. Incluso Jesús se sintió ansioso. Una noche antes
de su crucifixión, estaba tan ansioso que sudó sangre
(Lucas 22:44). Esa es una enfermedad real. Puedes
investigarlo. Él le pidió a Dios que cambiara el plan,
para que no tuviera que pasar por el dolor de la cruz
(Mateo 26:36-44).

Pero Jesús no permaneció ansioso. Él le entregó sus
temores a Dios. Y con la ayuda de Jesús, nosotros podemos hacer lo mismo.

Leamos una vez más las palabras de Pablo en
Filipenses 4:4-8:

Regocíjense en el Señor siempre. Otra vez lo diré:
¡Regocíjense! La bondad de ustedes sea conocida
de todos los hombres. El Señor está cerca. Por nada

estén afanosos; antes bien, en todo, mediante oración
y súplica con acción de gracias, sean dadas a conocer
sus peticiones delante de Dios. Y la paz de Dios, que
sobrepasa todo entendimiento, guardará sus corazones y sus mentes en Cristo Jesús.

Por lo demás, hermanos, todo lo que es verdadero, todo lo digno, todo lo justo, todo lo puro, todo
lo amable, todo lo honorable, si hay alguna virtud o
algo que merece elogio, en esto mediten.

Las palabras de Pablo nos dan un muy buen consejo acerca de la ansiedad. Cuando hacemos lo que
dijo Pablo, podemos pasar de la ansiedad a la paz y la
tranquilidad.

Si la ansiedad y la tranquilidad fueran árboles, ¿a cuál
te subirías? ¿El ansiedárbol o el tranquilidárbol? (¿Viste
lo que hice?).

El ansiedárbol no tiene muchas hojas. Tiene muy
pocas ramas y muy débiles, el viento puede mecerlas
de un lado a otro. Subirse a él no parece muy seguro,
porque sus ramas son muy delgadas. El ansiedárbol es
un árbol triste.

Por otro lado, el tranquilidárbol es grande, her-
moso y fuerte. Es seguro subirse a él. Sus ramas son
lo suficientemente grandes para sentarte, o incluso para
estirarte o tomar una siesta. Tiene bastantes hojas que te
cubren del sol. E incluso cuando el viento sopla fuerte,
el tranquilidárbol permanece fuerte.

Adivino que preferirás trepar al tranquilidárbol. ¿Pero cómo haces eso?

Comienza con Dios.

Celebra la bondad de Dios

Como dijo Pablo: «Regocíjense en el Señor siempre. Otra vez lo diré: ¡Regocíjense!» (Filipenses 4:4).

Desvía tu atención de tu problema y enfócate en celebrar a Dios. No te hace ningún bien obsesionarte con aquello por lo que te sientes ansioso. Cuanto más lo mires, más crece. Sin embargo, cuanto más mires a Dios, más grande se vuelve Él. Tu problema comienza a tomar su tamaño apropiado comparado con el Señor del universo. Eso es lo que dice Salmos 121:1-2:

Levantaré mis ojos a los montes;
¿De dónde vendrá mi ayuda?
Mi ayuda viene del Señor,
Que hizo los cielos y la tierra.

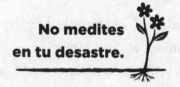

No medites en tu desastre.

¿Observas la decisión que hay en esas palabras? «*Levantaré* mis ojos».

No medites en tu desastre. No ganas nada con fijar tus ojos en el problema. Ganas todo al fijar tus ojos en el Señor.

Esto es lo que hizo el discípulo Pedro en la tormenta en el mar de Galilea. Él era pescador. Sabía lo que las olas de tres metros pueden hacerles a las embarcaciones pequeñas. Quizá por ello se ofreció a salir del bote cuando vio a Jesús caminando sobre el agua en la tormenta.

> Pedro dijo: «Señor, si eres Tú, mándame que vaya a Ti sobre las aguas». «Ven», le dijo Jesús. Y descendiendo Pedro de la barca, caminó sobre las aguas, y fue hacia Jesús. Pero viendo la fuerza del viento tuvo miedo, y empezando a hundirse gritó: «¡Señor, sálvame!».
>
> —Mateo 14:28-30

Mientras Pedro miraba a Jesús, pudo hacer lo imposible. En el momento que miró la tormenta que le rodeaba, se hundió como una piedra. Si estás hundiéndote en la ansiedad, se debe a que estás mirando en la dirección equivocada.

Fija tus ojos en el rostro de aquel que puede calmar la tormenta.

Dios es soberano. Él tiene el control. Él sabe las cosas buenas que tiene para ti. Él ve tus temores. Él escucha tus oraciones. Él tiene respuestas para tus preguntas.

Y Dios es misericordioso. Su gracia es grande. Él nos ha perdonado a través de su

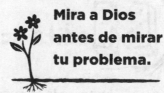

Mira a Dios antes de mirar tu problema.

C.A.L.M.A.

1. **Celebra a Dios.**

«Regocíjense en el Señor siempre.
Otra vez lo diré: ¡Regocíjense!». —Filipenses 4:4

2. **Apela a Dios por ayuda.**

«Mediante oración y súplica [...] sean dadas a
conocer sus peticiones delante de Dios».
—Filipenses 4:6

3.  **Levanta la mirada a lo positivo.**

«Con acción de gracias». —Filipenses 4:6

4.  **Medita acerca de lo bueno.**

«Todo lo que es verdadero, todo lo digno, todo lo
justo, todo lo puro, todo lo amable, todo lo
honorable, si hay alguna virtud o algo que
merece elogio, en esto mediten». —Filipenses 4:8

Hijo, Jesús. Debido a eso, nosotros no tenemos que sentir culpabilidad ni vergüenza.

Celebra todos los placeres de Dios. Este es el primer paso. No te apresures a pasarlo. Mira a Dios antes de mirar tu problema. Entonces estarás listo para el próximo paso.

Apela a Dios por ayuda

Pablo dijo: «Por nada estén afanosos; antes bien, en todo, mediante oración y súplica con acción de gracias, sean dadas a conocer sus peticiones delante de Dios» (Filipenses 4:6).

Cuando tenemos miedo, podemos escoger la oración o la desesperación. Escoge sabiamente.

Puedes pedirle a Dios todo lo que necesitas. No solamente las cosas grandes, sino también las pequeñas. Lo que te preocupe, entrégaselo a Dios. Apela a Él por ayuda antes de intentar arreglar todos tus problemas solo.

Dios dijo: «Invoca Mi nombre en el día de la angustia» (Salmos 50:15).

Jesús dijo: «Pidan, y se les dará; busquen, y hallarán; llamen, y se les abrirá» (Mateo 7:7). Él no dijo: «Pidan, y Dios *quizá* podrá darles. Busquen, y *quizá* podrán encontrar». Cuando pedimos, Él *sí* escuchará.

Ora por cada detalle. Dios no se cansa de escucharnos. Entre más detalles le demos, más fácil será saber que Dios ha respondido nuestras oraciones.

¡Entonces, pide! Cuando la ansiedad toque a tu puerta, dile: «Jesús, ¿podrías responder eso?». Permítele hacer aquello para lo que es muy bueno.

Levanta la mirada a lo positivo

Pablo dijo que pidamos todo lo que necesitemos «con acción de gracias» (Filipenses 4:6).

Cuando sientas que la vida es tenebrosa y estés lleno de temor y ansiedad, levanta la mirada a lo positivo. Decide tener una actitud de gratitud, incluso en medio de los tiempos difíciles.

Reemplaza los pensamientos de ansiedad con pensamientos de gratitud. Dios toma en serio la gratitud. ¿Por qué? Porque ella nos mantiene enfocados en el presente.

¿Te has dado cuenta de que cuando te sientes muy ansioso te resulta difícil concentrarte en tu tarea o en lo que alguien te está diciendo? Eso se debe a que la ansiedad hace que nuestro cerebro se sienta disperso.

Nosotros nos preocupamos por el pasado: lo que dijimos o hicimos. Nos preocupamos por el futuro: las tareas de mañana o los desarrollos de la década siguiente. La ansiedad aleja nuestra atención del ahora y la dirige al «en ese entonces» o al «allá».

Pero, cuando no estás enfocado en tu problema, de pronto tienes mucho espacio en tu cerebro. ¡Utilízalo! ¿Por qué estás agradecido aquí, en este momento?

Medita acerca de lo bueno

Pablo dijo: «Todo lo que es verdadero, todo lo digno, todo lo justo, todo lo puro, todo lo amable, todo lo honorable, si hay alguna virtud o algo que merece elogio, en esto mediten» (Filipenses 4:8).

No permitas que los pensamientos ansiosos y negativos tomen el dominio de tu mente. Tú no puedes controlar tus circunstancias, pero sí puedes controlar cómo piensas al respecto.

Uno de los empleos más difíciles que tuve fue como vendedor de puerta en puerta, durante un verano en Dalton, Georgia. Tenía diecinueve años y estaba a miles de kilómetros de casa. Había ido allá con un par de amigos, pero ellos se marcharon luego de una semana. Yo me quedé.

El trabajo era difícil. Yo iba de casa en casa, pero la gente me cerraba la puerta en la cara. No tenía amigos. No estaba ganando dinero. Me sentía miserable. Una tarde fui a un lugar a comer una hamburguesa. Había algunos imanes exhibidos en la caja registradora. Cuando estaba pagando mi cuenta, uno de esos imanes me llamó la atención. Decía: «Cuando la vida te dé limones, haz limonada».

Cuando la vida se vuelva agria, conviértela en algo dulce.

Era una frase cursi, pero de todos modos compré el imán. Lo coloqué en el tablero de mi coche y lo miraba cada día.

Cuando me desanimaba, frotaba el limón de plástico con mi pulgar y me recordaba: *Puedo hacerme sentir miserable o puedo hacerme un poco de limonada.*

Tú no puedes controlar tus circunstancias, pero sí puedes controlar cómo piensas al respecto.

La gente continuaba cerrándome la puerta y yo continuaba preguntándome qué hacía tan lejos de casa. Pero sobreviví.

La vida siempre nos dará limones. Siempre tendremos que enfrentar cosas difíciles. Nos sentiremos ansiosos o temerosos. No sabremos lo que sucederá después. Pero podemos escoger lo que haremos con esos limones. Podemos hacernos sentir miserables o podemos decidir meditar en lo bueno, lo amable y lo verdadero.

Que podamos reír, escuchar, aprender y amar hoy. Y mañana, que podamos hacer todo otra vez.

Un nuevo día te espera, mi amigo. Una nueva temporada en la que te preocuparás menos y confiarás más. Una temporada con menos temor y una fe más fuerte. ¿Puedes imaginarte una vida en la que no te sientas ansioso por nada? Con su ayuda, la experimentarás.

Analiza tu cerebro y tu corazón

1. ¿Qué es lo que más necesitas hacer hoy: celebrar las cosas buenas acerca de Dios, apelar a Dios por ayuda, levantar la mirada a lo positivo o meditar en lo bueno? ¿Cómo lo llevarás a cabo?
2. ¿Qué aprendiste acerca de la ansiedad de tu vida en este libro?
3. ¿Qué aprendiste de ti mismo mientras leías este libro?
4. ¿Qué aprendiste acerca de Dios en este libro?

Una nota final de Max Lucado

Una pareja de la iglesia me pidió ayuda con la ceremonia de su décimo aniversario de bodas y la renovación de sus votos nupciales en Hawái. Como ministro dedicado que soy, no tuve otra opción que aceptar la invitación a participar.

El tiempo que pasamos en Big Island coincidió con una dramática corriente de lava que fluía del volcán Kilauea. Un río de doce kilómetros de fuego líquido quemó el camino hacia el Océano Pacífico. Nosotros, junto con otras 2.500 personas, no pudimos dejar de visitarlo.

Al conducir por la vía llamada «Chain of Craters Road», un señalamiento nos instaba a sintonizar la estación de radio del sistema del parque. El locutor nos advirtió que tuviéramos precaución, no solamente con el volcán, sino también con la oleada. «Este es territorio de tsunamis —dijo la voz—. Si sienten que la tierra se mueve, busquen un terreno más elevado». Terreno más elevado, en este caso, se refería a un volcán. Comencé a preocuparme.

Cuando bajamos del coche, un señalamiento nos advirtió que la tierra era quebradiza. En él se encontraba el dibujo de un hombre atorado en una grieta creciente. La leyenda decía: «El terreno puede abrirse en cualquier momento».

Ay.

Luego conocimos a un guardaparques. «Si por mí fuera, yo no dejaría que la gente llegara acá —dijo—. No hay senderos, no hay luces y esta lava está de 800 a 1.000 grados centígrados». Aprendí que no toda la lava brilla. Gran parte está cubierta de una corteza oscura, que le da la apariencia de roca. Un paso en falso y podía hundirme en la roca hirviente. Aun así continuamos. Tal como los exploradores Lewis y Clark, teníamos que ver el océano.

El sulfuro apestaba. El sendero nocturno exigió linternas. Del océano brotaba vapor. Llegamos hasta el final del acantilado y sonreímos para la cámara.

Grandioso, recuerdo haber pensado. *De un lado, un tsunami. Del otro, un volcán. Un paso hacia atrás y estoy en el precipicio. Un movimiento sísmico y me traga la tierra. ¿Cómo me metí en esto?*

¿Alguna vez te has preguntado lo mismo?

Desde luego que sí. Tu ansiedad no fue provocada por volcanes ni tsunamis, sino por exámenes, desamores, dramas familiares y las redes sociales. No estabas esquivando lava; estabas haciendo tu mejor intento por evitar las malas calificaciones, las malas decisiones y a las malas personas. Y el esfuerzo puede dejarte preocupado.

¿Puedo concluir este libro con una noticia muy, pero muy agradable? Tu Padre celestial está aquí para ayudarte. No tienes que andar este camino a solas. Él es un buen pastor, un buen Padre y un buen amigo para todo aquel que sigue su dirección.

Por su gracia, no solamente sobrevivirás, ¡vencerás! Confía en la dirección de este asombroso salmo:

> Confía en el Señor, y haz el bien;
> habita en la tierra, y cultiva la fidelidad.
> Pon tu delicia en el Señor,
> y Él te dará las peticiones de tu corazón.
> Encomienda al Señor tu camino,
> confía en Él, que Él actuará.
>
> —Salmos 37:3-5

—Max

Fuentes

Introducción

Zodhiates, Spiros, ed. *Hebrew–Greek Key Word Study Bible, New International Version,* Chattanooga, TN: AMG Publishers, 1996, #3534. 2093.

Capítulo 1

Julian, Kate, «What Happened to American Childhood?» *Atlantic.* Actualizado 17 abril 2020. https://www.theatlantic.com/magazine/archive/2020/05/childhood-inan-anxious-age/609079/.

Clark, Taylor, «It's Not the Job Market: The Three Real Reasons Why Americans Are More Anxious Than Ever Before». *Slate.* 31 enero 2011.

Anderson, Jenny, «Even Teens Are Worried They Spend Too Much Time on Their Phones». *Quartz.* 23 agosto 2018.

https://oz.com/1367506/pew-research-teens-worried-they-spend-too-much-time-on-phones.

Twenge, Jean M. «Have Smartphones Destroyed a Generation?». *The Atlantic.* Septiembre 2017. https://www.theatlantic.com/magazine/archive/2017/09/has-the-smartphone-destriyed-a-generation/534198/.

McCarthy, Claire. «Anxiety in Teens Is Rising: What's Going On?». *HealthyChildren.org.* 20 noviembre 2019. https://www.healthychildren.org/English/health-issues/conditions/emotional-problems/Pages/Anxiety-Disorders.aspx.

Capítulo 2

«What Do Kids Worry About?». *Parents Canada.* 5 mayo 2009. https://www.parentscanada.com/school/what-do-kids-worry-about/.

Caporino, Nicole E., Shannon Exley y Robert D. Latzman. «Youth Anxiety About Political News». *Child Psychiatry & Human Development* 51 (febrero 2020): 683-98. https://doi.org/10.1007/s10578-020-00972-z.

McCarthy, Claire. «Anxiety in Teens Is Rising: What's Going On?». *HealthyChildren.org.* 20 noviembre 2019. https://www.healthychildren.org/English/health-issues/conditions/emotional-problems/Pages/Anxiety-Disorders.aspx.

Viner, Russell M., Aswathikutty Gireesh, Neza Stiglic, Lee D. Hudson, Anne-Lise Goddings, Joseph L. Wad y Dasha E. Nicholls. «Roles of Cyberbullying, Sleep, and Physical Activity in Mediating the Effects of Social Media Use on Mental Health and Wellbeing Among Young People in England: A Secondary Analysis of Longitudinal Data». *The Lancet Child & Adolescent Health* 3, núm. 10 (octubre 2019): 685-96. https://doi.org/10.1016/S2352-4642(19)30186-5.

Horowitz, Juliana Menasce y Nikki Graf. «Most U.S. Teens
See Anxiety and Depression as a Major Problem Among
Their Peers». Pew Research Center. 20 febrero 2019. https://
www.pewsocialtrends.org/2019/02/20/most-u-s-teens-see-
anxiety-and-depression-as-a-major-problem-among-their-
peers/.

Capítulo 3

Gallivan, Heather R. «Teens, Social Media and Body Image».
Park Nicollet Melrose Center. 18 mayo 2014. https://www.
macmh.org/wp-content/uploads/2014/05/18-Gallivan_
Teens_social-media-body-image-presentation-H-Gallivan-
Spring-2014.pdf.
Nouwen, Henri, *The Essential Henri Nouwen*, editado por Robert
A. Jonas (Boston: Shambhala, 2009), pp. 131-32.

Capítulo 4

Smith, Melinda, Lawrence Robinson y Jeanne Segal. «Anxiety
Disorders and Anxiety Attacks». *Help Guide.* Actualizado
septiembre 2020. https://www.helpguide.org/articles/
anxiety/anxiety-disorders-and-anxiety-attacks.htm
Common Sense Media. *Common Sense Census: Media Use
by Tweens and Teens.* 3 noviembre 2015. https://www.
commonsensemedia.org/the-common-sense-census-media-
use-by-tweens-and-teens-infographic.
«What Social Media Does to Your Brain, According to
Neuroscience». Inverse. 22 abril 2018. https://inverse.com/
article/43879-your-brain-on-social-media.
Moffit, Mitchell y Gregory Brown. «5 Crazy Ways Social Media
Is Changing Your Brain Right Now». AsapSCIENCE,

7 septiembre 2014. Video. https://www.youtube.com/watch?v=HffWFd_6bJ0.

Spafford, Anna T. «Telegram from Anna Spafford to Horatio Gates Spafford re Being "Saved Alone" Among Her Traveling Party in the Shipwreck of the Ville du Havre». Biblioteca del Congreso de Estados Unidos. 2 diciembre 1873. https://www.loc.gov/item/mamco1000006.

Capítulo 5

Clark, Taylor, *Nerve: Poise Under Pressure, Serenity Under Stress, and the Brave New Science of Fear and Cool* (New York: Little, Brown), 2011, pp. 3-9.

Frey, William C., *The Dance of Hope: Finding Ourselves in the Rhythm of God's Great Story* (Colorado Springs, CO: WaterBrook Press, 2003), p. 175.

Capítulo 6

Missions Box. «Most Americans Pray but Disagree About How Prayer Works». Press Release. 7 agosto 2020. https://missionsbox.org/press-releases/most-americans-pray-but-disagree-about-how-prayer-works/.

Capítulo 7

Amin, Amit. «31 Benefits of Gratitude: The Ultimate Science-Backed Guide». *Happier Human*. https://happierhuman.com/benefits-of-gratitude/.

American Psychological Association. «Growing Up Grateful Gives Teens Multiple Mental Health Benefits, New

Research Shows». Press Release. Agosto 2012. https://www. apa.org/news/press/releases/2012/08/health-benefits.

Sheldon, Kennon M., Todd B. Kashdan y Michael F. Steger, eds., *Designing Positive Psychology: Taking Stock and Moving Forward* (New York: Oxford University Press, 2011), pp. 249-54.

Capítulo 8

Hirschlag, Ally. «Do You Live with Anxiety? Here Are 11 Ways to Cope». *Healthline*. 17 diciembre 2018. https://www. healthline.com/health/mental-health/how-to-cope-with-anxiety#long-term-strategies.

«Tips to Manage Anxiety and Stress». *Anxiety and Depression Association of America*. https://adaa.org/tips.

Capítulo 9

Danner, Deborah D., David A. Snowdon y Wallace V. Friesen, «Positive Emotions in Early Life and Longevity: Findings from the Nun Study». *Journal of Personality and Social Psychology* 80, núm. 5 (2001): 804-13. https://doi. org/10.1037//0022-3514.804.

Segerstrom, Suzanne C. y Gregory E. Miller. «Psychological Stress and the Human Immune System: A Meta-Analytic Study of 30 Years of Inquiry». *Psychology Bulletin* 130, núm. 4 (julio 2004): 601-30. https://doi.org/10.1037/0033-2909.130.4.601.

Sharma, Ashish, Vishal Madaan y Frederick D. Petty. «Exercise for Mental Health». *Primary Care Companion to the Journal of Clinical Psychiatry* 8, núm. 2 (2006): 106. https://doi. org/10.4088/PCC.v08n1208a.

The Lancet. «Exercise Linked to Improved Mental Health, but More May Not Always Be Better». *ScienceDaily*. 8 agosto 2018. https://www.sciencedaily.com/releases/2018/08/180808193656.htm.

Capítulo 10

Brantly, Kent, Amber Brantly y David Thomas, *Called for Life: How Loving Our Neighbor Led Us into the Heart of the Ebola Epidemic* (Colorado Springs, CO: WaterBrook, 2015), pp. 97-115.

Chisholm, Thomas Obediah y William Marion Runyan, «Grande es tu fidelidad», 1923. Hope Publishing Company, 1951, Hymnal.net. https://www.hymnal.net/en/hymn/h/19.

Hawks, Annie S. «Señor, te necesito», 1872. Compuesta por Robert Lowry. Hymnary.org. https://hymnary.org/hymn/CYBER/2967.

Recursos

Sitios web

KidsHealth
kidshealth.org

A partir de Nemours, una red de salud sin fines de lucro, KidsHealth ofrece artículos revisados por médicos acerca del bienestar infantil, que incluyen temas como salud física, salud mental y comportamiento. Distintos sitios para niños, adolescentes y padres proporcionan información específica para ayudar a todos a aprender, crecer y sentirse de lo mejor. Desde alergias a disfunciones cardiacas, a imagen corporal, a trastornos de aprendizaje, a ansiedad, KidsHealth proporciona herramientas para tomar las mejores decisiones de salud para su familia.

Child Mind Institute

childmind.org

Los padres pueden ponerse rápidamente al corriente acerca de la salud mental y los desafíos de comportamiento con los que se están enfrentando sus hijos, con los recursos detallados de esta asociación sin fines de lucro, dedicada a mejorar la vida de los niños y las familias que están luchando con trastornos de salud mental y de aprendizaje. Los artículos breves sobre temas específicos proveen detalles acerca de los síntomas, las investigaciones actuales y las opciones de tratamientos. Las guías para padres enmarcan estrategias probadas para ayudar a que los niños progresen.

Libros para niños

¿Qué puedo hacer cuando me preocupo demasiado? Un libro para niños con ansiedad, de Dawn Huebner (TeaEdiciones, 2008).
Ejercicios para combatir la preocupación en los niños. Ayudar a los niños a superar la ansiedad y el miedo a la insertidumbre, Dra. Muniya S. Khanna y Dra. Deborah Roth Ledley (Mensajero, 2019).

Recursos únicamente en inglés

Sitio Web

Comforting Anxious Children
confortinganxiouschildren.com

La maestra de educación especial, mamá y guerrera contra la ansiedad, Janis Gioia, ofrece artículos y recursos para ayudar a las familias a calmar y consolar a los niños con ansiedad. Ella aborda el ser entero del niño, ofreciendo consejos para aliviar y fortalecer la mente, el cuerpo y el espíritu. Como madre de niños ansiosos, Jan camina junto a los padres que buscan lo mejor para sus hijos. El sitio contiene herramientas de oración, consejos para padres cristianos y muchas estrategias prácticas y útiles.

Libros para niños

Something Bad Happened: a Kid's Guide to Coping with Events in the News, de Dawn Huebner (Jessica Kingsley Publishers, 2019).

Coping Skills for Kids Workbook: Over 75 Coping Strategies to Help Kids Deal with Stress, Anxiety and Anger, de Janine Halloran (PESI Publishing & Media, 2018).

1-Minute Gratitude Journal: A Kid's Guide to Finding the Good in Every Day (Tommy Nelson, 2021).

Libros para padres

Helping Your AnxiousChild: A Step-by-Step Guide for Parents, de
Dr. Ronald M. Rapee; doctora en psicología, Ann Wingnall;
Dra. Susan H. Spence; Dra. Vanessa Cobham; Dra. Heidi
Lyneham (New Harbinger Publications, 2008).

Anxiety-Free Kids: An Interactive Guide for Parents and Children,
de la doctora en psicología Bonnie Zucker (Prufrock Press,
2016).

*Anxiety Relief for Kids: On-the-Spot Strategies to Help Your Child
Overcome Worry, Panic, and Avoidance*, Dra. Bridget Flynn
Walker (New Harbinger Publications, 2017).